AF432395

MITOLOGIA EGIZIA

Un Viaggio alla Scoperta dei Miti dell'Antico Egitto. Divinità, Mostri e Faraoni che hanno reso unica la Civiltà Egizia

HISTORIA MAGISTRA

© Copyright 2021 di Historia Magistra - Tutti i diritti riservati.

Il contenuto di questo libro non può essere riprodotto, duplicato o trasmesso senza un permesso scritto direttamente dall'autore o dall'editore.

In nessuna circostanza, qualsiasi colpa o responsabilità legale sarà attribuita all'editore, o all'autore, per eventuali danni, risarcimenti o perdite monetarie dovute direttamente o indirettamente alle informazioni contenute in questo libro.

Avviso legale:

Questo libro è protetto da copyright. Questo libro è solo per uso personale. Non è possibile modificare, distribuire, vendere, utilizzare, citare o parafrasare qualsiasi parte del contenuto, o il contenuto stesso all'interno di questo libro, senza il consenso scritto dell'autore o dell'editore.

Avviso di non responsabilità:

Si prega di notare che le informazioni contenute in questo documento sono solo per scopi educativi e di intrattenimento. È stato fatto tutto il possibile per presentare informazioni accurate, aggiornate, affidabili e complete. Nessuna garanzia di alcun tipo è dichiarata o implicita. I lettori riconoscono che l'autore non si impegna nel fornire consigli legali, finanziari, medici o professionali in modo ufficiale e istituzionalmente riconosciuto. Si prega di consultare un professionista autorizzato prima di tentare qualsiasi procedura descritta in questo libro.

Leggendo questo documento, il lettore accetta che in nessuna circostanza l'autore è responsabile di eventuali perdite, dirette o indirette, subite come risultato dell'uso delle informazioni contenute in questo documento, compresi, ma non limitati a errori, omissioni o imprecisioni.

INDICE

I MITI E LE LEGGENDE

# BIBLIOGRAFIA & SITOGRAFIA												157

Introduzione

L'antico Egitto: una terra di magia e mistero dall'intramontabile fascino. Nessun'altra civiltà antica è riuscita a catturare l'immaginazione di ricercatori, studiosi e appassionati tanto quanto quella egizia. Il mistero circonda le sue origini, la sua spiritualità e la sua architettura monumentale: dai templi enormi alle piramidi colossali, passando per l'enorme Sfinge; l'impero egizio emerse dall'arido deserto in una bellezza unica, capace di rapire l'interesse di chiunque.

In particolare, le maestose piramidi egizie sono il più famoso di tutti i monumenti antichi, l'unica delle sette meraviglie del mondo antico ad esser giunta a noi in eredità.

Secondo la visione folkloristica di questa civiltà, proprio come la vita è nata dalle acque, i semi della civiltà sono stati piantati per la prima volta lungo le rive del Nilo. Questo lunghissimo fiume, che percorre gran parte dell'Africa a partire dal Mar Mediterraneo, non ha fatto altro che fungere da cuore pulsante per lo sviluppo del regno faraonico. La lunga e stretta pianura alluvionale era una calamita per la vita e attirò persone, animali e piante in prossimità delle sue rive. In tempi predinastici, i cacciatori nomadi si stabilirono nella valle del Nilo e lì si dedicarono alla coltivazione, per sviluppare quella che nel corso dei secoli divenne una civiltà temuta e rispettata in tutto il mondo antico. Vista come un dono degli dèi, l'inondazione annuale del Nilo rendeva fertile il terreno attraverso il limo, sostanza ricca di nutrienti che creava le condizioni ideali per la coltivazione di grano, lino e altre colture. Il primo progetto comunitario di questa nascente società fu la costruzione di canali di irrigazione per scopi agricoli.

Mantenendo la similitudine, sono proprio questi canali ad aver funzionato come arterie di un colossale organismo che giunge a noi in tutto il suo intramontabile fascino. Mio caro lettore, il libro che stringi tra le mani è nato con l'obiettivo ultimo di portarti alla scoperta della travolgente serie di miti, simboli e divinità che hanno forgiato l'antico Egitto. Attraverso un percorso di tre fasi verrai immerso in tutto lo splendore di questa antica cultura. La prima parte di questo volume è dedicata alla scoperta del racconto che ha posto le basi per lo sviluppo della civiltà: il mito della creazione. Osserveremo le tre varianti storicamente validate di questo mito ed esploreremo il simbolismo mistico, ovvero tutti quegli elementi emblematici che rappresentavano importanti concetti di vita ultraterrena, equilibrio cosmico e regalità faraonica.

Più avanti, nella seconda sezione di questo libro, avrai l'opportunità di osservare da vicino le divinità egizie più importanti. Attraverso un approccio semplice ma dettagliato ti condurrò in un viaggio nel tempo alla scoperta dei loro attributi, delle loro peculiari rappresentazioni artistiche e del loro background mitologico.

L'ultima sezione di questo libro è dedicata ai miti e alle leggende della terra dei faraoni. Racconti di straordinaria bellezza che racchiudevano in sé i principi fondamentali del popolo delle piramidi. Il linguaggio utilizzato in questo libro sarà volutamente semplice e alla portata di tutti, per permettervi un'esperienza di lettura fluida ed esclusivamente sostenuta dal vostro desiderio di scoperta, di andare oltre. Lo stesso desiderio che ha permesso alle antiche genti della valle del Nilo di produrre una mitologia così ricca e articolata come quella egizia.

Non mi resta che augurarvi una buona lettura,

Yunes Batal

L'ANTICO EGITTO

La Civiltà Egizia

Situata nell'Africa settentrionale, quella egizia fu una delle civiltà più potenti e influenti del mondo antico per oltre 3.000 anni, da circa il 3100 a.C. al 30 a.C.

Come testimonianza del suo sfarzo, l'antico Egitto ci ha lasciato numerosi monumenti, documenti e opere d'arte che tutt'oggi continuano ad essere studiati dai ricercatori di tutto il mondo. Ciononostante, la civiltà egizia nasce molto prima di questo periodo e da allora non ha fatto altro che prosperare in un popolo dall'identità forte e distintiva. Mentre i governanti, la lingua, la scrittura, il clima, la religione e i confini della civiltà sono mutati diverse volte nel corso dei millenni, l'Egitto esiste ancora come un paese moderno, le cui radici affondano nei secoli in un legame simbiotico.

Il popolo egizio era strettamente connesso con altre civiltà, importando ed esportando beni, viveri, persone, concetti spirituali e idee dal valore storico inestimabile. Nel corso della sua storia, l'antico Egitto ha governato diversi territori al di fuori dei confini dell'odierno paese, tra i quali gli stessi che oggi rappresentano Sudan, Cipro, Libano, Siria, Israele e Palestina. Allo stesso modo, il paese venne occupato da altre potenze: persiani, nubiani, greci e romani furono alcune delle civiltà che conquistarono l'Egitto in diversi momenti storici.

Nel corso dei tempi, vari nomi vennero usati per identificare questo popolo. Un antico nome popolare era "Kemet", che significa "terra nera". Gli studiosi generalmente credono che questo nome derivi dal terreno fertile che ne risultava quando la piena del Nilo si ritirava in agosto.

Il fiume inondava tra giugno e agosto di ogni anno, il terreno fertile che generava era vitale per la sopravvivenza di tutto l'Egitto, la cui fertilità giocava un ruolo importante anche nella spiritualità. La sepoltura di Tutankhamon - in cui il suo organo riproduttivo venne mummificato - è solo un esempio di quanto la fertilità fosse importante nei rituali e nelle credenze degli antichi egizi.

Gli antichi sovrani del paese vengono oggi chiamati "faraoni", anche se nell'antichità ognuno di essi utilizzava una serie di nomenclature come parte di un titolario reale. Ronald Leprohon, professore di egittologia all'Università di Toronto, nel suo libro *"The Great Name: Ancient Egyptian Royal Titulary"* sostiene che il termine faraone ha origine dal termine egiziano *"per-aa"*, che significa *"la Grande Casa"*. Il termine fu incorporato per la prima volta in un titolo reale durante il regno di Thutmose III (regno dal 1479 al 1425 a.C. circa) e venne poi indistintamente esteso a tutti i governanti dell'impero. Ma qual è la sua storia?

Ripercorriamo insieme nel prossimo paragrafo le tappe principali che hanno sancito la nascita, lo sviluppo e la morte dell'antica civiltà egizia.

Il Seme della Civiltà

I moderni ritrovamenti storici testimoniano come le prime popolazioni stanziali cominciarono ad apparire nei pressi del fiume Nilo circa 7.000 anni fa. Le fonti scritte più remote della civiltà risalgono a circa 5.200 anni fa e rivelano preziose informazioni sui primi governanti d'Egitto. Quest'ultimi includono Iry-Hor, che secondo le iscrizioni fondò Memphis, una città che servì come capitale dell'Egitto per gran parte della sua storia. Le iscrizioni documentano anche una regina di nome Neith-Hotep, che governò come reggente per un giovane faraone di nome Djer. Come e quando l'antico Egitto fu unito in un unico regno è ancora oggi oggetto di dibattito tra gli archeologi e gli storici di tutto il mondo. L'opinione più popolare è che un certo numero di stati più piccoli si siano inizialmente coalizzati in due regni distinti - Alto e Basso Egitto - per poi unirsi successivamente sotto un unico impero. Dopo l'unificazione del regno, i faraoni vennero spesso raffigurati con due corone - una per il Basso Egitto e un'altra per l'Alto Egitto.

All'alba dei tempi, il clima dell'Egitto era molto più umido di quanto non lo sia oggi e alcune aree oggi costituite da sterile deserto, una volta erano fertili vallate. Un famoso sito archeologico dove questo fenomeno può essere osservato è la "caverna dei nuotatori", come oggi viene chiamata, sull'altopiano di Gilf Kebir nel sud-ovest dell'Egitto. La grotta è ora circondata da chilometri e chilometri di sabbia rovente; tuttavia, le pareti rocciose riportano un'arte rupestre che mostra ciò che gli studiosi interpretano come persone che nuotano. La data esatta dell'opera non è chiara, anche se gli studiosi pensano che sia stata creata in epoca preistorica. Questa è la premessa che contestualizza lo sviluppo di quella che diverrà una potenza mondiale.

La storia dell'antico Egitto viene tradizionalmente divisa in 30 (talvolta 31) dinastie. Questa tradizione dinastica ebbe inizio con il sacerdote egiziano Manetone, vissuto nel terzo secolo a.C. I resoconti storici di quest'epoca vennero redatti dagli scrittori greci e, fino a quando la scrittura geroglifica non fu decifrata nel XIX secolo, furono tra i pochi resoconti storici sui quali gli studiosi potevano ricostruire il corso degli eventi.

I ricercatori moderni spesso raggruppano queste dinastie in diversi periodi storici. Le prime due dinastie risalgono a circa 5.000 anni fa e sono spesso chiamate *"primo periodo dinastico"* o *"arcaico"*. Il primo faraone della prima dinastia fu un sovrano di nome Menes (o Narmer, come viene chiamato in greco). Visse più di 5.000 anni fa e, mentre gli scrittori antichi a volte lo accreditavano come il primo faraone di un Egitto unito, le scoperte archeologiche suggeriscono altro. Iscrizioni trovate di recente raccontano di regnanti - come i già citati Djer e Iry-Hor - che sembrerebbero aver governato l'Egitto unito già prima di Menes. Gli storici a volte si riferiscono ai governanti pre-Menes come parte di una "dinastia zero".

Le dinastie dalla terza alla sesta vanno all'incirca dal 2650 al 2150 a.C. e sono spesso raggruppate in un periodo chiamato "Antico Regno". Durante questo periodo furono sviluppate le tecniche di costruzione delle piramidi e vennero erette le antiche piramidi di Giza. Papiri ancora oggi in fase di decifrazione suggeriscono che gruppi di lavoratori professionisti - a volte tradotti come "bande di lavoro" - giocarono un ruolo importante nella costruzione delle piramidi, così come di altre strutture.

Dal 2150 al 2030 a.C. (un periodo di tempo che comprendeva le dinastie dalla settima alla decima e parte dell'undicesima) il governo centrale in Egitto era debole e il controllo del paese era spesso frammentato da diversi leader regionali. Il motivo per cui l'Antico Regno crollò è ancora oggi oggetto di dibattito tra gli studiosi, con ricerche a indicare che siccità e cambiamenti climatici giocarono un ruolo significativo. Durante questo periodo, anche le città e le civiltà del Medio Oriente crollarono, con prove osservabili nei siti archeologici a evidenziare che un periodo di siccità colpì i siti di tutta la regione.

La dodicesima, la tredicesima e parte della quattordicesima dinastia vengono spesso categorizzate in un periodo chiamato dagli studiosi "Regno di Mezzo" che durò dal 2030 al 1640 a.C. circa. All'inizio di questo periodo storico, un sovrano chiamato Mentuhotep II (che regnò fino al 2000 a.C. circa) riprese il controllo dell'intero paese. Il faraone rilanciò la costruzione delle piramidi e venne prodotta una quantità considerevole di testi di letteratura e scienza. Tra i testi sopravvissuti c'è un documento, ora noto come il papiro chirurgico di Edwin Smith, che registra una varietà di trattamenti sanitari che i medici dei giorni nostri hanno considerato come avanzati per il loro tempo.

Dalla quattordicesima alla diciassettesima dinastia abbiamo quello che viene definito "Secondo Periodo Intermedio". Durante questo periodo il governo centrale crollò di nuovo e un gruppo etnico chiamato "Hyksos" salì al potere, controllando gran parte dell'Egitto settentrionale. Mentre gli Hyksos potrebbero essere stati originari del Levante (un'area che comprende l'odierna Israele, Palestina, Libano, Giordania e Siria), la ricerca indica che erano già in Egitto quando il governo crollò. Un reperto raccapricciante di questo periodo è una serie di mani mozzate, trovate in un palazzo della città di Avaris, la capitale dell'Egitto controllato dagli Hyksos. Le mani mozzate potrebbero essere state presentate dai soldati ad un sovrano in cambio di oro.

Gli storici spesso si riferiscono alle dinastie dalla diciottesima alla ventesima come comprendenti il "Nuovo Regno", un periodo che durò circa dal 1550 al 1070 a.C. Questo periodo ebbe luogo dopo che gli Hyksos vennero sconfitti e il paese venne riunificato. Il sito archeologico più famoso del Nuovo Regno è la Valle dei Re, che contiene i luoghi di sepoltura di molti sovrani egizi di questo periodo, tra cui Tutankhamon (regno dal 1336 al 1327 a.C. circa), la cui tomba fu trovata intatta nel 1922. I faraoni smisero di costruire piramidi durante il Nuovo Regno per una serie di ragioni - una delle quali era quella di allocare le risorse in modo più proficuo per la salvaguardia dell'impero.

Le dinastie dalla ventunesima alla ventiquattresima (un periodo che va dal 1070 al 713 a.C. circa) sono spesso chiamate dagli studiosi moderni "terzo periodo intermedio". In questo periodo il governo centrale era talvolta debole e il paese non era sempre unito. Sempre durante questo periodo le civiltà di tutto il Medio Oriente erano state distrutte dai popoli provenienti dall'Egeo, che gli studiosi moderni a volte chiamano i "popoli del mare". Anche se i governanti egizi sostenevano pubblicamente di aver sconfitto in battaglia i "popoli del mare", ciò non impedì alla civiltà egizia di crollare. La perdita delle rotte commerciali e delle entrate potrebbe aver giocato un ruolo determinante nell'indebolimento del governo centrale dell'Egitto.

Le dinastie dalla venticinquesima alla trentunesima (dal 712 al 332 a.C. circa) sono spesso chiamate dagli studiosi "periodo tardo". Durante questo periodo l'Egitto fu spesso sotto il controllo di potenze straniere. I governanti della venticinquesima dinastia erano originari della Nubia, un'area situata nell'odierno Egitto meridionale e nel Sudan settentrionale. Anche i Persiani e gli Assiri controllarono l'Egitto in tempi diversi durante il Periodo Tardo.

Nel 332 a.C. Alessandro Magno cacciò i persiani dall'Egitto e incorporò il paese nell'impero macedone. Dopo la morte di Alessandro Magno, una linea di governanti discendente da Tolomeo Soter, uno dei generali di Alessandro, salì al potere. L'ultimo di questi governanti "tolemaici" (come spesso li chiamano gli studiosi) fu Cleopatra VII, che morì suicida nel 30 a.C. dopo la sconfitta delle sue forze da parte di Ottaviano, che sarebbe poi stato chiamato l'imperatore romano Augusto, nella battaglia di Azio. Dopo la sua morte, l'Egitto fu incorporato nell'Impero Romano.

Anche se gli imperatori romani avevano sede a Roma, gli egizi li trattavano come faraoni, come testimonia una scultura dell'imperatore Claudio (regno dal 41 al 54 d.C.) vestito proprio come un faraone. La scultura ha iscrizioni geroglifiche che indicano Claudio come il "Figlio di Ra, Signore delle Corone" e "Re dell'Alto e Basso Egitto, Signore delle Due Terre". Né i governanti tolemaici né quelli romani sono considerati parte di una dinastia numerata. Questa è l'epoca che segna il decadimento dell'impero egizio, con la conquista da parte dei persiani che gettò la civiltà dei faraoni in uno stato di completa sudditanza.

Questo riassunto storico ci è servito per contestualizzare l'ambiente in cui venne generato uno degli universi mitici più affascinanti e variopinti del mondo antico. A questo punto, non ci rimane che affidarci alle voluttuosità della mitologia egizia partendo dal principio: il mito della creazione.

Cosmogonia: Tre Versioni dello stesso Mito

A differenza di altre antiche culture alfabetizzate, come i greci e i romani, i primi egizi possedevano pochi miti in forma narrata e nessuno che riguardasse la cosmogonia o la cosmologia. Dunque, gli antichi egizi possedevano dei propri miti della creazione, ma a differenza delle altre culture, non erano delineati in uno stile narrativo unico e coerente. I miti della creazione egizi sono menzionati in frammenti di diversi testi antichi, in particolare i Testi delle Piramidi, i Testi delle Bare e il Libro dei Morti. Questi tre testi consistono in raccolte di "enunciati" e "incantesimi" che avevano lo scopo di condurre una persona deceduta nell'aldilà; sebbene gli stessi facciano anche menzione della creazione dell'universo e degli dèi che vi erano coinvolti.

Non fu fino al Nuovo Regno (1550-1069 a.C.) che gli antichi egizi cominciarono a redigere i miti e non fu fino al periodo tolemaico (332 d.C) che le collezioni di incantesimi e le menzioni della creazione nei testi antichi furono trasposte in una narrazione dedicata. La natura non-narrativa dei primi miti egizi della creazione è certamente interessante, ma un aspetto ancora più affascinante della cosmogonia egizia era l'esistenza simultanea di tre diverse versioni del mito della creazione. Una volta si credeva che la pluralità di questo mito fosse il risultato del fatto che le tre città principali erano *"centri di culto"* di tre distinte divinità: il dio-patrono e il mito che lo dipingeva come protagonista avevano la precedenza sulle altre versioni del mito. Tuttavia, le versioni che non dipingevano il dio-patrono come protagonista non erano necessariamente ignorate, ma rispettosamente messe in secondo piano. Questo punto di vista è ancora valido per alcuni egittologi, anche se la maggior parte ora crede, sulla base degli studi dell'antico concetto egizio del tempo, che gli antichi egizi semplicemente vedevano i tre miti come diverse prospettive della creazione e che non vi era alcuna contraddizione intellettuale nel considerare tutte e tre le versioni simultaneamente.

IL MITO ERMOPOLITANO

Il più antico dei tre miti egizi riguardanti la creazione era il mito ermopolitano, che prendeva il nome dalla città da cui proveniva: Khemnu, più comunemente conosciuta con il suo nome greco Hermopolis. Secondo il mito ermopolitano, la vita iniziò nelle acque primordiali, che diedero vita all'Ogdoad, le otto divinità originarie.

Le otto divinità originarie erano raggruppate in coppie maschio-femmina e comprendevano: Nun e Naunet, Heh e Heuhet, Kek e Kauket, Amon e Amonet. I dettagli della creazione fisica stessa sono un po' vaghi in questo mito e si concentrano invece sulla "forza numinosa e misteriosa del potere creativo divino."

Il dio più importante del mito ermopolitano era Amon, conosciuto come il "Nascosto", ad indicare la forza numinosa e misteriosa da esso rappresentata. Amon crebbe di importanza durante il Medio Regno d'Egitto (circa 2055-1650 a.C.) fino a diventare il dio nazionale durante la diciottesima dinastia (circa 1550-1295 a.C.) del Nuovo Regno. Gli attributi di Amon come dio creatore furono successivamente combinati con elementi più marziali, il che era indicativo del periodo. Mentre la creazione nel mito ermopolitano era in qualche modo enigmatica e collegata a una forza misteriosa, secondo il mito di Memphis quest'ultima era il risultato dell'intelletto.

IL MITO MEMPHITA

Memphis (in egiziano "Mennefer") è stata la capitale politica dell'Egitto per gran parte della sua storia ed era anche il principale centro di culto del dio Ptah. Come Amon, Ptah era raffigurato in forma umana, ma invece di indossare una corona di piume, veniva mostrato con una più semplice calotta cranica. Per molti versi, Ptah era la scelta più logica tra tutti gli dèi creatori, poiché era il dio dei lavoratori e degli artigiani del metallo.

Sebbene Ptah fosse noto per lavorare con le mani, il suo atto di creazione si compiva attraverso il pensiero e la parola. La cosiddetta "Teologia Memphita" si articola in un testo geroglifico noto come la "Pietra di Shabaqa". Questa opera prende il nome dal re nubiano che regnò sull'Egitto nella 25ª Dinastia (716-702 a.C.) ed è datata al 710 a.C. Tuttavia, la maggior parte degli egittologi ritiene che sia una copia di un originale della diciannovesima Dinastia, o forse addirittura dell'Antico Regno. Il racconto della creazione del testo recita:

> *"...Prese forma nel cuore; prese forma nella parola la forma di Atum. Perché il grandissimo è Ptah, che ha dato [la vita] a tutti gli dèi e ai loro kas attraverso il suo cuore e attraverso la sua parola, in cui Horus prese forma come Ptah, in cui Thot prese forma come Ptah..."*

IL MITO ELIOPOLITANO

La terza e probabilmente più importante versione di tutte le cosmogonie egizie fu quella eliopolitana. Il mito eliopolitano fu sviluppato all'inizio della storia faraonica nella città di Heliopolis, centro di culto del dio sole Atum. Riguardo questa divinità ci sono molti riferimenti nei "Testi delle Piramidi", un totale di 759 formule o espressioni diverse che appaiono all'interno di ogni piramide, e nella versione eliopolitana della creazione.

Teologicamente parlando, quello eliopolitano era il mito più diretto e concreto delle varie cosmogonie, in quanto prevedeva che Atum emergesse da un tumulo primordiale e poi creasse le prime quattro generazioni di coppie maschio-femmina, che divennero note come Enneade. La creazione in questo mito, quindi, era il risultato della pura volontà ed è un processo che presenta un inizio e una fine ben definiti. Il modo in cui Atum creò l'Enneade è descritto in numerose espressioni dei Testi delle Piramidi come di natura sessuale.

"Atum è colui che (una volta) venne in essere. Prese in mano il suo fallo per arrivare all'orgasmo, e così nacquero i gemelli Shu e Tefenet. Possa essi mettere il Re tra di loro e porre il Re tra gli dèi davanti al Campo delle offerte."

Atum creò allora Geb (Terra) e la sua consorte Nut (Cielo) prima di creare Osiride (Inferi/Regalità) e Iside (Magia/Regalità), Seth (Caos) e Nefti (Regalità). Si ritiene che il ciclo mitico eliopolitano sia stato completato alla fine della quinta dinastia (2494-2345 a.C.). Tuttavia, la sua influenza risuonò in tutti i periodi della storia egizia. Elementi del mito eliopolitano hanno permeato il culto per secoli, nella fattispecie in tre diversi modi.

In primo luogo, l'idea dell'aldilà era implicita nel mito eliopolitano attraverso il dio Osiride. Il culto di Osiride crebbe di importanza e popolarità con il progredire della storia egizia, finendo per eclissare Atum e il culto del sole. Nel mito eliopolitano era anche presente l'idea della regalità divina. Osiride veniva considerato il dio originario della regalità e dopo che suo fratello Seth lo uccise, il ruolo passò a suo figlio Horus, che divenne così il sostituto del padre. Tuttavia, anche il dio-creatore Atum veniva associato alla regalità divina in un certo numero di espressioni dei *"Testi delle Piramidi"*. A conferma di ciò, nelle rappresentazioni artistiche Atum veniva di solito raffigurato indossando la Doppia Corona della regalità egizia.

Infine, la cosmogonia eliopolitana ebbe una profonda influenza sulla teologia solare dell'antico Egitto. Gli attributi di Atum vengono rappresentati nei testi e nell'arte come generatori di vita, sia nella creazione che nella quotidianità. Verso la fine della storia dinastica, Atum cominciò ad essere associato ad un altro dio-sole, Ra, in un'unione sincretica. I testi delle piramidi descrivono Ra come il sole che sorge e Atum come il sole che tramonta, con i due che viaggiano insieme sulla "Barca Solare" attraverso le ore notturne.

"Mio padre ascende al cielo tra gli dèi che abitano la volta celeste; Ra ti troverà sulle rive del cielo come un viaggiatore d'acqua nelle nuvole celesti: 'Benvenuto, oh tu che sei arrivato', diranno gli dèi. Egli porrà dunque la mano su di te allo zenit del cielo: "Benvenuto, oh tu che conosci il tuo posto", diranno le Enneadi. Sii puro; occupa il tuo posto nella Barca di Ra, rema nel cielo e giungi fino ai lontani; trova il tuo posto nella Barca di Ra e così tra le stelle."

Nel Nuovo Regno, Ra arrivò ad essere una delle divinità più importanti del pantheon egizio eclissando addirittura il culto di Atum a Eliopoli. Nonostante Atum sia stato sussunto da Ra per tutte le ragioni sopracitate, il mito eliopolitano e la figura di Atum rimasero la cosmogonia più importante per tutta la storia dell'antico Egitto.

In conclusione, possiamo asserire che gli antichi egizi avevano una visione del mondo che può sembrare piuttosto strana e complicata rispetto alle visioni di noi, uomini moderni. Gli egizi credevano simultaneamente in tre diversi miti della creazione e apparentemente non trovarono mai alcuna difficoltà a conciliare questa co-esistenza. Un esame dei miti della creazione ermopolitano, memphita ed eliopolitano rivela che ognuno di essi era valido per gli antichi egizi perché rappresentava tre diversi approcci alla creazione - rispettivamente: la mente, la parola e il sole. Di seguito troverai una *summa* dei due principali miti della creazione (quello ermopolitano ed eliopolitano), nonché la versione più accreditata nello studio dell'antico Egitto.

AMUN

Il Mito Della Creazione

Per gli antichi egizi, il mondo nella sua forma primitiva non era altro che una sconfinata distesa oceanica. Le acque primordiali erano attribuite ad otto divinità chiamate Ogdoad, che si presentavano in coppia: un maschio e una femmina. Le stesse vengono spesso raffigurate con la testa di rana perché considerate divinità dell'acqua, ma non si sa molto sul loro conto se non per gli attributi che li contraddistinguevano.

In primo luogo, c'erano Hok e Hoket, il cui attributo era la mancanza di forma. Per distinguere la divinità maschile da quella femminile, basti sapere che il nome femminile finisce con la "t". Una nota interessante sulla lingua egiziana è che la forma femminile delle parole egiziane finisce sempre in "t".

Alla prima coppia seguirono Kuk e Kuket, divinità rappresentanti l'oscurità. Successivamente abbiamo Amon e Amonet, che rappresentavano il mistero. Migliaia di anni dopo, Amon divenne il dio più importante dell'antico Egitto, con la comparsa del faraone Amenhotep, il cui nome significa *"Amon è contento"*. L'ultima coppia divina è Nun e Nunet. Nun è l'acqua primordiale mentre Nunet la sua consorte.

Ma cosa cercavano di esprimere gli antichi egizi con queste otto divinità?

Per trovare risposta a questa domanda basti pensare agli attributi: l'informità, l'oscurità e il mistero. Questi non sono attributi positivi, difatti ciò che i primi egizi volevano rappresentare non è altro che il caos imperante all'inizio dell'universo. Poi, avvenne il momento della creazione.

Improvvisamente, dalle acque emerse la collina primordiale, la prima forma di terra. In piedi su quella collina si trovava il dio Atum, anche chiamato *"l'auto-creato"*. Egli generò gli dèi che interagirono con la terra per dare vita alla natura come oggi la conosciamo. Atum generò due figli: Shu e Tefnut. Shu è l'aria e Tefnut è l'umidità. Il mito egizio suggerisce dunque che all'inizio vi erano solo aria e umidità.

Pensate alla prima riga della Genesi:

"In principio, Dio creò il cielo e la terra. Ora la terra era informe e deserta e le tenebre ricoprivano l'abisso e lo spirito di Dio aleggiava sulle acque".

Notate la somiglianza nella descrizione del vuoto primordiale. Naturalmente, il mito egizio è più antico di migliaia di anni rispetto al Vecchio Testamento, ma è interessante sapere che i popoli antichi sembravano essere d'accordo nel principio dell'universo turbolento.

Shu e Tefnut ebbero due figli, Geb e Nut. Geb è la terra e Nut è il cielo. Una rappresentazione della dea Nut è osservabile sul soffitto di una tomba reale: viene raffigurata piegata con le braccia lungo una parete e le gambe lungo un'altra, con il suo ventre che abbraccia l'intero soffitto. Il compito di Nut è quello di inghiottire il sole di sera e farlo rinascere l'indomani mattina, simboleggiando la morte e la rinascita.

Geb e Nut diedero alla luce quattro divinità che sono centrali nella mitologia egizia. Le prime sono Iside e Osiride, fratello e sorella ma anche marito e moglie. Si noti che il nome Iside, la divinità femminile, non termina con una "t". Questo perché il suo nome proviene dai greci. Il vero nome egizio è Ist, ma i greci ne hanno riadattato la pronuncia. La coppia divina ebbe anche un fratello e una sorella: Seth e Nebthet (o Nefti in greco). Quest'ultimi sono anch'essi sia fratello e sorella, sia marito e moglie. Queste quattro divinità - Iside, Osiride, Seth e Nebthet - saranno cruciali per l'intero sviluppo dell'antica mitologia egizia. Nel prossimo paragrafo esploreremo i simboli mistici che hanno caratterizzato la religione egizia in un susseguirsi di significati e concetti spirituali dall'inestimabile valore umanistico.

Il Simbolismo Mistico

La religione nell'antico Egitto era totalmente integrata con la vita quotidiana del popolo. Gli dèi erano onnipresenti nella vita dell'individuo: alla nascita, durante la vita, nel momento del trapasso, e continuavano a prendersi cura della sua anima anche nell'aldilà. La sfera divina era parte integrante della vita di ogni cittadino dell'antico Egitto. Il mondo spirituale era sempre presente nel mondo fisico e questa consapevolezza veniva rappresentata attraverso un compendio di simboli ritrovabili nell'arte, nell'architettura, negli amuleti, nella statuaria, negli oggetti usati dalla nobiltà ed in quelli impiegati dal clero nell'esercizio delle loro funzioni.

In una società prevalentemente analfabeta come quella dell'antico Egitto, i simboli avevano lo scopo vitale di trasmettere al popolo, generazione dopo generazione, i valori più importanti della propria cultura d'appartenenza. Il contadino non sarebbe stato in grado di comprendere la letteratura, la poesia o i miti che narravano le storie delle sue divinità, dei governanti o della storia; ma poteva sempre osservare un obelisco o un rilievo sul muro di un tempio e interpretarne il messaggio attraverso i simboli.

I tre simboli più importanti, che spesso appaiono in ogni forma d'arte, dagli amuleti all'architettura, erano l'ankh, il djed e lo scettro. Questi erano spesso rappresentati nelle iscrizioni e sovente appaiono in gruppo nei sarcofagi. Nel caso di ognuno di questi simboli, la forma rappresenta il valore assoluto del concetto: *l'ankh rappresentava la vita; il djed la stabilità; lo scettro il potere.* Lo studioso Richard H. Wilkinson, notando l'importanza della forma come elemento funzionale, riferisce quanto segue:

> *"Un'iscrizione poco conosciuta ma davvero affascinante, fatta su ordine del faraone Thutmose IV, registra la scoperta di una pietra da parte del re. L'importanza di questa pietra non risiedeva nel materiale prezioso o nella brillantezza della superficie, riporta l'iscrizione, ma perché "sua maestà trovò questa pietra a forma di falco divino". Che un re egiziano dia tanta importanza ad una semplice pietra solo per la sua forma è davvero interessante, perché dimostra quanto l'antico egizio fosse attento alle forme degli oggetti e all'importanza simbolica che la qualità della forma poteva avere."*

Fatta questa doverosa premessa, diamo un'occhiata alle caratteristiche simboliche dei tre elementi sopracitati ed esploriamo alcuni degli altri emblemi fondamentali che hanno segnato il simbolismo dell'Egitto antico.

L'Ankh

L'ankh è una croce con la cima ad anello che, oltre al concetto di esistenza terrena, simboleggiava la vita eterna, il sole del mattino, i principi maschile e femminile, il cielo e la terra. La sua forma incarnava questi concetti nella sua struttura a chiave; simbolicamente, portando l'ankh, si sarebbe posseduto la chiave dei segreti dell'esistenza. L'unione degli opposti (maschile e femminile, terra e cielo) e l'estensione della vita terrena al divino, il tempo all'eternità, erano tutti rappresentati attraverso l'ankh. Il significato del simbolo era così potente e così radicato nella cultura egizia (risalente al primo periodo dinastico in Egitto, c. 3150-c. 2613 a.C.), che non sorprende come sia stato incorporato dalla fede cristiana nel IV secolo a.C. come proprio.

L'origine di questo simbolo è sconosciuta, ma l'egittologo E. A. Wallis Budge sostiene che potrebbe essersi sviluppato dal tjet, il *'Nodo di Iside'*, un simbolo analogo associato alla dea. Le divinità femminili erano estremamente popolari nella cultura egiziana e sembrano essere state considerate le più potenti (come nell'esempio della dea Neith) nella prima storia dell'Egitto. Dunque, data la profonda influenza e la somiglianza nella forma, probabilmente l'ankh si è sviluppato dal tjet, ma questa teoria non è universalmente accettata.

L'ankh era comunque anch'esso strettamente associato al culto della dea Iside e dal momento che la popolarità della dea cresceva, allo stesso modo aumentava quella per il simbolo. Molte divinità diverse venivano raffigurate con l'ankh in mano e appare, insieme al simbolo djed, praticamente in ogni tipo di opera d'arte egizia, dai sarcofagi alle pitture tombali, dagli ornamenti di palazzo alla statuaria e alle iscrizioni. Come amuleto, l'ankh era popolare quasi quanto lo scarabeo e il djed.

Il Djed

Il djed è una colonna a base larga che si restringe man mano che sale verso un capitello attraversato da quattro linee parallele. Appare per la prima volta nel periodo predinastico in Egitto (c. 6000-c. 3150 a.C.) e rimane un punto fermo dell'iconografia egiziana fino al periodo tolemaico (323-30 a.C.). Seppur inteso come rappresentante la stabilità, il simbolo serviva anche a rammentare la stretta presenza degli dèi, poiché veniva associato al dio Osiride e quindi legato alla resurrezione e alla vita eterna. Si pensava che il djed rappresentasse la spina dorsale del dio e spesso appare sul fondo dei sarcofagi nell'intento di aiutare l'anima appena arrivata ad alzarsi e camminare nell'aldilà.

Il simbolo è stato anche interpretato come quattro colonne che si ergono una dietro l'altra, l'albero di tamerici in cui è racchiuso Osiride nel suo mito più popolare, e un palo della fertilità innalzato durante le feste. In ogni caso, il significato indiscusso del simbolo riconduce alla stabilità nella vita e alla speranza nell'aldilà, fornita dagli dèi.

Nell'interpretazione del simbolo come quattro colonne, viene rappresentato il numero che appare più frequentemente nell'iconografia egizia: il quattro. Il numero simboleggiava l'assoluta completezza e si può osservare nell'arte, nell'architettura e nei beni funerari come i quattro figli di Horus dei vasi canopi, i quattro lati di una piramide e così via. Anche le altre interpretazioni simboleggiano concetti associati al mito di Osiride. Il djed come albero di tamerici parla di rinascita e resurrezione poiché, nel mito, l'albero trattiene Osiride finché non viene liberato e riportato in vita da Iside. In maniera analoga, il palo della fertilità viene associato a Osiride che ha fatto sorgere le acque del fiume Nilo, fecondando la terra e permettendo alla civiltà di prosperare. In ogni caso, qualunque sia l'oggetto che si intendeva rappresentare, il djed era un simbolo molto potente che spesso era abbinato ad un altro: lo scettro Was.

Lo Scettro Was

Lo scettro Was è un bastone sormontato dalla testa di un canide, forse Anubi, al tempo del Nuovo Regno (1570-1069 a.C.) ma ancor prima un animale totemico come una volpe o un cane. Lo scettro Was è un'evoluzione dello scettro antico, un simbolo del potere reale conosciuto come l'hekat, osservabile nelle rappresentazioni del primo re, Narmer (circa 3150 a.C.) del primo periodo dinastico (circa

3150-2613 a.C.). Al tempo del re Djet (c. 3000-2990 a.C.) della Prima Dinastia, lo scettro aveva raggiunto la sua forma ultima e simboleggiava il dominio e il potere.

Lo scettro era solitamente biforcuto nella parte inferiore, ma questo cambiava a seconda del dio o del mortale che lo teneva in mano, così come il colore dell'asta. Hathor, divinità associata alla mucca, portava uno scettro biforcuto alla base e a forma di corna di mucca all'estremità. Iside portava uno scettro simile ma con la tradizionale forchetta che rappresenta la dualità. Lo scettro di Ra-Horakhty ('Horus all'orizzonte'), dio del sole che sorge e tramonta, era blu per simboleggiare il cielo; mentre quello del dio del sole Ra era rappresentato con un serpente attaccato che simboleggiava la rinascita, poiché il sole sorgeva di nuovo ogni mattina.

Ogni dio aveva uno scettro che denotava il suo particolare dominio in un modo o nell'altro. Il dio Ptah, del primo periodo dinastico, teneva uno scettro che combina tutti e tre i simboli, l'ankh, il djed e il was, con un cerchio in basso che simboleggia l'unità. La combinazione dei simboli, naturalmente, combinava il loro potere in maniera appropriata per questo dio, associato alla creazione e conosciuto come lo "scultore della terra". I tre simboli in cima al bastone di Ptah, insieme al cerchio in basso, rappresentavano il significato del numero quattro di completezza, totalità ed equilibrio.

KHEPRI

Lo Scarabeo

Lo scarabeo è il famoso simbolo presente nell'arte e nell'iconografia egizia che rappresenta lo *Scarabaeus sacer*, una specie di scarabeo stercorario. Lo scarabeo stercorario era associato agli dèi perché arrotolava lo sterco in una palla in cui deponeva le uova; lo sterco serviva come cibo per i piccoli quando si schiudevano e questo atto riportava il concetto di vita generata dalla morte. Gli scarabei erano strettamente identificati con il dio Khepri che si pensava facesse rotolare la palla del sole attraverso il cielo, tenendola al sicuro nei suoi viaggi attraverso gli inferi e spingendola verso l'alba del giorno successivo. Quando Ra divenne il preminente dio del sole, Khepri continuò in questo ruolo come suo assistente. Gli scarabei divennero amuleti popolari durante il Primo Periodo Intermedio (2181-2040 a.C.) e rimasero tali per tutta la storia dell'Egitto fino all'ascesa del cristianesimo.

Il Bastone e il Flagello

Il bastone e il flagello sono tra i simboli più famosi dell'antico Egitto che incarnano il potere e la maestà del re. Entrambi questi oggetti erano associati a Osiride e simboleggiavano il suo primo dominio sulla terra. I simboli appaiono per la prima volta nel primo periodo dinastico, durante il regno del primo re Narmer (circa 3150 a.C.) e riconducevano il re con il mitico primo governante d'Egitto, Osiride.

Secondo il mito, Osiride fu ucciso da Set, che usurpò così il suo regno, per poi essere resuscitato da sua sorella-moglie Iside. Ella gli diede un figlio, Horus, che sconfisse Set e ristabilì l'ordine sulla terra. Nonostante alcune eccezioni, il re fu associato a Horus in vita e a Osiride una volta deceduto. Dopo che Horus vendicò suo padre sconfiggendo Set, prese il bastone e il flagello del padre per rappresentare la legittimità del suo regno. Altrettanto fecero i successivi re d'Egitto che si identificarono con questi dèi.

Il bastone era un primo strumento usato dai pastori, mentre il flagello era un mezzo per radunare le capre e anche per raccogliere un arbusto aromatico noto come labdano. Poiché Osiride era originariamente una divinità dell'agricoltura e della fertilità, il dio veniva associato a entrambi gli strumenti del periodo predinastico ed essi fungevano da promemoria del passato e dell'importanza della tradizione, oltre che, ovviamente, come simboli della legittimità e del potere del re.

L'Occhio Udjat

L'occhio Udjat è un altro simbolo ben noto in Egitto, a molti conosciuto con il nome di "Occhio di Ra". Questo simbolo venne associato durante il periodo predinastico alla dea protettrice Wadjet, una divinità molto antica del basso Egitto, in seguito fu più tipicamente associato a Horus, Ra e altri dèi attraverso il racconto della dea lontana.

La storia della dea lontana ha molte forme nella mitologia egizia, ma una trama coerente: una dea in qualche modo si ribella al re degli dèi e lascia la sua casa e le sue responsabilità per viaggiare in una terra lontana, dando origine alla necessità di riportarla indietro (o ingannarla a tornare) e iniziando così una sorta di trasformazione. L'Udjat rappresentava la dea oppure l'invito a recuperarla e poteva assumere diverse forme. L'occhio di Udjat, così come l'Occhio di Ra, era inteso a simboleggiare la presenza vigile sulla creazione ed è frequentemente raffigurato nei miti, ad esempio quello della dea lontana appena citato, come il mezzo atto a raccogliere informazioni per Ra. L'Udjat rimase un simbolo potente e saldamente radicato per tutta la storia dell'Egitto.

Il Serpente

L'antica tradizione egizia è ricca di diverse tipologie di serpente, ognuna con un significato proprio particolare. La forma di serpente più comune e popolare era l'Uraeus, il cobra incappucciato, di solito raffigurato sollevato in posizione d'attacco. Appariva sulla corona del faraone e in molte altre circostanze figurative. Questo simbolo rappresentava la dea protettrice Wadjet, citata precedentemente.

Ella proteggeva l'Egitto dal grande caos, il male peggiore che gli antichi egizi potessero immaginare. Quindi il cobra incappucciato rappresentava la protezione contro il disordine, ovvero il ruolo del faraone nella società. Inoltre, come facilmente intuibile, si tratta di un simbolo di autorità divina ed è per questo che trovava posto sulla corona reale. Un altro serpente della mitologia egizia era Apep, o Apophis, un serpente gigante, a volte un coccodrillo, che rappresentava il disordine. Quest'ultimo rappresentava la forza distruttiva che il dio Set ha esercitato nell'uccisione di suo fratello Osiride. Altri serpenti appaiono come geroglifici, ma rappresentano solo fonemi e suoni, piuttosto che veri e propri simboli.

L'Uccello Bennu

Bennu era un grande uccello fantastico simile a un airone. Questa creatura potrebbe essere stata modellata sull'airone grigio (*Ardea cinera*) o sul più grande airone golia (*Ardea goliath*) che vive sulla costa del Mar Rosso. Si ipotizza che questo volatile possa essere stato avvistato in tempi antichi dai viaggiatori egizi, dando vita alla leggenda di un airone colossale che fa la sua comparsa una volta ogni 500 anni in Egitto. Il Bennu era caratterizzato da due lunghe piume sulla cresta della testa ed era spesso incoronato con la corona Atef di Osiride, la corona bianca con due lunghi pennacchi su entrambi i lati, oppure con il disco del sole.

Il Bennu era l'uccello sacro di Heliopolis e il suo nome deriva probabilmente dalla parola *weben*, che significa "sorgere" o "brillare". Questa creatura era associata al sole e rappresentava il ba o l'anima del dio-sole Ra. Nel Periodo Tardo, il geroglifico dell'uccello veniva usato per rappresentare direttamente questa divinità e, in quanto simbolo del sole che sorge e tramonta, il Bennu era anche patrono del giubileo reale. L'uccello divino era anche associato all'inondazione del Nilo e alla creazione primordiale: in piedi sulle rocce isolate delle isole d'altura durante le inondazioni, l'airone rappresentava la prima vita apparsa sul tumulo primordiale che sorgeva dal caos acquatico. Questo tumulo era chiamato il *ben-ben*. In alcune versioni meno popolari del mito della creazione, il grido dell'uccello Bennu ruppe il profondo silenzio segnando l'inizio del tempo e simboleggiava dunque l'inizio della divisione temporale in ore, giorni, notti, settimane e anni.

Il Bennu era anche considerato una manifestazione dell'Osiride risorto e il leggendario volatile era spesso raffigurato vicino al salice sacro. Il Bennu era conosciuto dai greci come la leggendaria fenice, infatti Erodoto, lo storico greco, dice quanto segue riguardo la creatura:

"Un altro uccello sacro è la fenice; io stesso non ho visto una fenice, se non nei dipinti, perché è molto rara e visita il paese (così dicono a Heliopolis) solo a intervalli di cinquecento anni, in occasione della morte dell'uccello-creatore".

Erodoto continua, scrivendo che l'uccello Bennu veniva dall'Arabia ogni 500 anni portando il corpo del padre imbalsamato in un uovo di mirra. Tuttavia, questo uccello arabo si diceva che assomigliasse ad un'aquila con un piumaggio brillante d'oro e rosso. Prima di morire la fenice costruiva un nido di ramoscelli d'incenso, vi si sdraiava e moriva. Successivamente, dal suo corpo esanime usciva un piccolo verme che il calore del sole trasformava nella nuova fenice.

Tutti questi simboli contribuirono alla ricca cultura dell'antico Egitto e, sebbene fossero di natura religiosa, non furono mai considerati "simboli religiosi" come una mente moderna interpreterebbe il concetto. Al giorno d'oggi, specialmente nei paesi occidentali, la religione è considerata una sfera separata, distinta dal proprio ruolo nella società secolare, ma in Egitto non c'era questa separazione. I sacerdoti e le sacerdotesse delle divinità egizie, i faraoni, gli scribi e la nobiltà facevano uso di questi simboli regolarmente, attraverso amuleti ed iscrizioni che venivano rappresentati sulla statuaria di ogni classe della società egizia, dal più maestoso dei faraoni al più modesto membro della comunità.

Il Sesen

Si tratta del fiore di loto, un simbolo che appare spesso nell'arte egizia a simboleggiare la vita, la creazione, la rinascita e, soprattutto, il sole. Questo simbolo risale al primo periodo dinastico, ma divenne più popolare dall'Antico Regno in poi. Il fiore di loto si chiude la sera e sprofonda sotto l'acqua, poi all'alba emerge per aprirsi di nuovo; questo schema lo identifica con il sole e, quindi, con la vita. Seguendo la stessa metafora, il fiore rappresentava anche la rinascita ed era associato al dio Osiride. Il fiore di loto appare in molti tipi diversi di arte egizia, dalla statuaria ai sarcofagi, ai templi, ai santuari e sugli amuleti. Era il simbolo dell'Alto Egitto, mentre la pianta di papiro simboleggiava il Basso Egitto. Per questo motivo, il fiore veniva talvolta raffigurato con il suo gambo intrecciato a quello del papiro per simboleggiare l'unione dei due regni.

IL BEN-BEN

Il ben-ben era il tumulo primordiale su cui il dio Atum operava nel mito della creazione. Si tratta di uno dei simboli più noti dell'antico Egitto, dopo l'ankh, anche se spesso non se ne riconosce il nome. Le piramidi d'Egitto, ovunque le si trovi e di qualsiasi epoca, rappresentavano proprio il ben-ben mentre si innalza dalla terra verso il cielo. Secondo una versione del mito della creazione, in principio c'erano solo le acque scure del caos fino a quando il ben-ben emerse come prima forma di terra. Fu poi Atum (o in alcune storie Ptah o Ra) che mentre stava sul ben-ben diede luogo all'opera di creazione. Le piramidi e altre strutture simili simboleggiavano sia la creazione che l'eternità invocando l'immaginario di questo mito.

Il ben-ben come simbolo risale al primo periodo dinastico, ma divenne più diffuso durante l'Antico Regno, il tempo dei grandi costruttori di piramidi, quando furono costruiti i monumenti di Giza. Secondo gli storici, il simbolo del Ben-Ben potrebbe essere stato indossato come amuleto, ma più probabilmente era tra le opere d'arte prodotte in massa durante il Primo Periodo Intermedio come statuetta. Il ben-ben appare in molte iscrizioni dall'Antico Regno fino al Periodo Tardo (525-323 a.C. circa) e fu anche inciso sulle pareti dei templi, sulle tombe e sui sarcofagi.

I Faraoni più Influenti dell'Antico Egitto

Nell'antica terra delle piramidi, i faraoni erano governatori divinizzati che costituivano il massimo potere nella scala gerarchica. La corona veniva ereditata attraverso la linea di sangue reale dove il re, il padre, lasciava dopo la morte il trono al figlio maggiore. Nel corso della storia, innumerevoli faraoni hanno regnato sull'Egitto rendendolo una delle civiltà più influenti della storia antica.

La figura di questi "re illuminati" era così importante per il popolo che paragonava il loro governatore a divinità del calibro di Horus e Osiride, appellandolo come "Figlio di Re". Il ruolo di questa figura andava oltre il semplice concetto di imperatore, per testimoniare l'intervento del divino nello sviluppo della società egizia. Non tutti però hanno giocato un ruolo chiave nel plasmare la grandezza del popolo delle piramidi. Nei prossimi paragrafi scopriremo i dieci faraoni più influenti della storia egizia. Sono sicuro che alcuni di questi nomi ti suoneranno familiari; tuttavia, ti invito ad approfondire la conoscenza di queste figure. Così come i faraoni impersonificavano la grandezza dell'impero, la conoscenza di quest'ultimi porta inevitabilmente ad una reale consapevolezza di quello che è stato uno degli imperi più affascinanti di sempre.

HATSHEPSUT (1507 - 1458 A.C.)

Durante il suo regno, Hatshepsut conquistò il titolo di donna di maggior successo ad essere salita sul trono d'Egitto. Quinto sovrano della diciottesima dinastia d'Egitto, Hatshepsut regnò tra il 1478 a.C. e il 1458 a.C. Come moglie, figlia e sorella di un re, Hatshepsut non si limitò ad ereditare il sangue reale, ma apprese anche l'arte di governare dal suo compagno. Si ritiene che il faraone Thutmose I, mentre regnava, avesse proclamato sua figlia come erede al trono. E così fu. Dopo la morte del governatore, Hatshepsut salì al trono d'Egitto, regnando per oltre 21 anni. Durante il suo dominio, Hathsepsut sviluppò la società egizia molto più di quanto altri faraoni avevano fatto prima di lei in un periodo di tempo più esteso. Dall'avvio di innumerevoli progetti di costruzione, alla creazione di rotte per il commercio estero, ogni iniziativa fu portata a termine con successo, regalando al popolo delle piramidi un florido periodo di pace.

THUTMOSE III (1481 A.C. - 1425 A.C.)

Thutmose era l'erede della diciottesima dinastia d'Egitto, nonché figliastro del precedente faraone Hatshepsut. Essendo l'unico figlio di re Thutmose II, avrebbe dovuto prendere il trono dopo la sua morte, ma all'epoca aveva solo due anni, così la matrigna Hatshepsut salì al trono mentre lui divenne il suo coreggente. Il regno di Thutmose II durò 33 anni, un periodo di tempo che, nonostante non fosse particolarmente esteso, contribuì allo sviluppo dell'Egitto in modo ottimale. Ampiamente conosciuto come il "Napoleone d'Egitto", a Thutmose viene accreditata una vasta lista di realizzazioni e successi militari. L'espansione del regno egizio sotto il suo regno fu notevole. Oltre ad essere un governatore giusto e ambizioso, Thutmose fu anche considerato un grande guerriero che combatté personalmente diverse guerre per proteggere l'Egitto e il suo popolo. Oltre ai successi bellici, il faraone contribuì alla costruzione di varie strutture architettoniche, di cui tra le più famose c'è il tempio di Karnak. Uno degli obelischi di questo tempio è stato ri-eretto come Obelisco di Teodosio a Istanbul, in Turchia. La mummia di Thutmose fu scoperta nella Valle dei Re, dove fu sepolto con altri faraoni della stessa dinastia.

RAMSES II (1303 A.C.-1213 A.C.)

Ramses II fu il terzo faraone della XIX dinastia nonché uno dei più grandi sovrani del Nuovo Regno d'Egitto. Gli egizi lo chiamano spesso *"il Grande Antenato"*. Si dice che egli abbia avuto una grandiosa carriera militare, che ha portato importanti benefici allo sviluppo del regno. Il faraone condusse diverse spedizioni militari vincendo battaglie decisive contro gli Ittiti, i Siriani e i Nubiani. Inoltre, si ritiene che nessun faraone abbia mai superato i suoi trionfi architettonici. Ramses fece costruire una grande quantità di monumenti sparsi in tutto l'Egitto che ora sono parte importante del patrimonio culturale. Morì all'età di 90 anni e fu sepolto nella Valle dei Re. Gli insoliti contributi di Ramses continuarono anche dopo la sua morte, quando i suoi resti furono inviati alle autorità archeologiche francesi per essere restaurati. I funzionari egiziani dovettero emettere un passaporto per il corpo del faraone affinché potessero garantire alla salma un ritorno in patria sicuro e privo di problemi. Tra i vari documenti fu preparato un passaporto che recitava "Re (defunto)" come sua occupazione. Al ritorno, la mummia fu ricevuta all'aeroporto egiziano con tutti gli onori militari dovuti a un governante che ha fatto la storia.

AMENHOTEP III (1391 A.C.-1353 A.C.)

Il regno di questo faraone è ricordato per essere un periodo di gloria artistica e prosperità economica. Amenhotep III fu il nono faraone della XVIII dinastia, il cui regno durò dal 1391 a.C. al 1353 a.C. Questo sovrano ebbe un grande impatto sull'economia dell'Egitto che fiorì sotto il suo regno grazie alle solide relazioni commerciali che aveva intessuto con le civiltà confinanti. Amenhotep III contribuì inoltre allo sviluppo artistico costruendo molti monumenti, statue e scarabei di pietra che ancora oggi sono in buone condizioni. Molti testi sono stati trovati incisi su questi scarabei durante gli scavi, raffiguranti diversi eventi storici contemporanei al sovrano. Amenhotep III è accreditato come il faraone con il maggior numero di statue proprie.

TUTANKHAMON (1341 A.C. - 1323 A.C.)

Il faraone più famoso di tutti i tempi è sicuramente il re Tutankhamon. Questo sovrano salì al trono alla tenera età di nove o dieci anni, ma il suo regno durò solo dal 1332 a.C. al 1323 a.C. Anche se il giovane re introdusse molte riforme religiose, non fu molto rinomato per i suoi successi come sovrano. La sua fama deriva piuttosto dalla scoperta della sua tomba praticamente intatta. La morte di Tutankhamon è ancora oggetto di controversie perché non sono state tratte conclusioni su come sia morto, ma la sua mummia ha consentito agli egittologi di condurre preziose ricerche sul processo di mummificazione.

SERSE I (519 - 465 A.C.)

Serse I, più comunemente conosciuto come Serse il Grande, fu il quinto re della dinastia persiana achemenidea. Era il figlio di Dario il Grande e il suo regno durò dal 486 a.C. al 465 a.C. Questo faraone è noto per il suo tentativo di invadere la Grecia nella battaglia delle Termopili. Successivamente, nello stesso anno, fu sconfitto nella battaglia di Salamina, che lo costrinse a fuggire dal suo regno. È conosciuto sia come sovrano persiano che come faraone, poiché quando sedeva sul trono d'Egitto governava anche l'impero persiano. Fu assassinato dal suo stesso comandante della guardia reale. Nei libri di storia Serse non viene ritratto positivamente, poiché la maggior parte dei testi storici sono stati scritti dai greci che lo vedevano come un simbolo di tirannia.

AKHENATON (CIRCA 1380 A.C - 1334 A.C)

Akhenaton, conosciuto anche come Amenhotep IV, fu un antico faraone della diciottesima dinastia. Il suo regno durò dal 1353 a.C. al 1336 a.C. durante il quale emanò diverse riforme impopolari che gli costarono lo sfavore del popolo. Gli egizi erano abituati a adorare un gran numero di divinità, ma Akhenaton cercò di convertire la tradizione religiosa rendendola monoteistica, ovvero accentrando il culto su una sola divinità. Il dio in questione era Aten, una sorta di divinità solare legata al dio Ra. Il popolo e i futuri faraoni furono così sconvolti dal cambiamento che dopo la morte di Akhenaton distrussero le sue statue e tutti i suoi riferimenti. L'ormai defunto sovrano venne persino eliminato dalla lista dei re e non fu trovata quasi nessuna traccia di lui fino alla scoperta dei suoi resti ad Akhetaton. Subito dopo la morte, suo figlio Tutankhamon invertì le riforme religiose attuate dall'ex-sovrano.

DJOSER (2686 A.C. - 2649 A.C.)

Il fondatore dell'Antico Regno, Djoser, fu un faraone della nona dinastia. Regnò tra il 2630 a.C. e il 2611 a.C. ed è meglio conosciuto per il suo contributo alla costruzione della famosa Piramide a gradoni di calcare a Saqqara. Il monumento è un esempio di grande innovazione tecnologica. La piramide venne edificata per proteggere la tomba del faraone Djoser e fu realizzata impilando enormi blocchi di calcare alla maniera delle *mastàba*. Le pietre hanno iscrizioni incise su di esse e l'edificio che formano costituisce un grande esempio di architettura intelligente. Nonostante l'altezza, infatti, la struttura rimaneva perfettamente stabile.

KHUFU (2589 A.C. - 2566 A.C.)

Il secondo faraone della quarta dinastia, Khufu, era conosciuto anche come Khnum Khufu. Apparteneva all'Antico Regno e regnò dal 2589 a.C. al 2566 a.C. circa. Non ci sono molti testi storici che descrivono il regno di Khufu, ma il suo più grande contributo fu la Grande Piramide di Giza. Si tratta infatti della più antica e grande di tutte le piramidi presenti nel complesso di Giza. La sua notevole architettura è testimone delle impeccabili tecniche di costruzione che venivano utilizzate nell'antico Egitto. La piramide è fatta di pietra calcarea e mattoni di fango e fu costruita come struttura mortuaria per il faraone Khufu. Ha tre camere e la Grande Galleria. Si crede che le camere fossero piene di gioielli e manufatti preziosi che nel tempo sono stati rubati.

CLEOPATRA VII (69 A.C-30 A.C)

Cleopatra VII o Cleopatra Filopatore fu l'ultimo faraone del regno tolemaico. Non era nativa dell'Egitto ma figlia del generale macedone Tolomeo I Soter. Il suo regno durò dal 51 a.C. al 30 a.C. durante il quale dimostrò di essere un leader eminente. Sotto il suo governo il regno d'Egitto prosperò attraverso varie riforme che vennero emanate per sviluppare l'economia egiziana. Le sue relazioni estere, sia personali che politiche, si dimostrarono di grande valore per il popolo delle piramidi che arrivò ad espandere la propria rete commerciale. Governare l'Egitto non fu mai un compito facile per lei, poiché la sua ascesa al trono fu sfidata dal suo stesso fratello. Fu un imperatore intelligente e competente, ma all'età di 39 anni si suicidò, anche se non si sa ancora con quali mezzi. L'ultimo faraone regnante d'Egitto ha avuto una grande influenza sulla letteratura e sul teatro, con molte opere teatrali, documentari, drammi e film sulla sua vita.

La lista già menzionata include alcuni dei nomi più grandi e famosi dell'antico Egitto. Alcuni di questi possono non aver dato contributi eccezionali, ma la loro importanza storica e la loro popolarità li ha resi più rilevanti rispetto ad altri governatori. Ogni dinastia è nota per qualcosa durante questa lunga civiltà e i volti individuali dei faraoni caratterizzano ogni particolare periodo. Le loro conquiste e i loro contributi all'arte e al sapere si aggiungono al ricco patrimonio dell'Egitto. Ognuno dei faraoni che è entrato in questa lista ha tramandato un'enorme ricchezza storica alle generazioni future e, proprio grazie a molti di loro l'Egitto diventò una potenza del mondo antico.

IL PANTHEON EGIZIO

LE DIVINITÀ

Per gran parte della storia dell'antico Egitto, il popolo seguiva una religione politeista in cui venivano venerati un vasto numero di divinità. Quasi ogni divinità era associata in particolar modo ad una città specifica, ad esempio la città di Abydos era un importante centro di culto per Osiride, dio degli inferi, dove numerosi templi e santuari vennero costruiti in suo onore. Amon Ra - dio associato al sole - divenne particolarmente importante durante il Nuovo Regno e fu associato alla città di Luxor (l'antica Tebe), non a caso venne costruito in suo onore il tempio di Karnak, proprio nei dintorni della città.

La navigazione negli inferi era un principio cardine della religione egizia, secondo la quale i morti potevano raggiungere un luogo, assimilabile al nostro moderno concetto di paradiso, dove poter vivere in eterno. I defunti venivano spesso mummificati e sepolti con incantesimi apposti per aiutarli a navigare negli inferi. Questi incantesimi includevano estratti da un testo, spesso citato con il nome di "Libro dei Morti", di cui una copia lunga 4 metri è stata recentemente rinvenuta in un antico sito funerario (l'ultimo capitolo del libro include una spiegazione dettagliata di questo elemento). Nell'antica mitologia egizia uno dei primi passi per navigare negli inferi era quello di soppesare il cuore del defunto con la piuma di Maat, divinità associata alla verità, alla giustizia e all'ordine. Se la persona avesse commesso molti errori in vita, il suo cuore sarebbe stato più pesante della piuma di Maat e la sua anima annientata. D'altra parte, se le azioni terrene fossero generalmente state positive, i defunti avrebbero superato l'esame accedendo con successo nell'aldilà. Una volta ottenuta la vita ultraterrena, l'individuo avrebbe goduto di una vita ricca di gioia in una dimensione divinamente perfetta della civiltà egizia. A questo proposito venivano impiegate delle statuette chiamate *shabti,* spesso sepolte insieme alla salma, il cui scopo era quello di eseguire il lavoro del defunto al suo posto, permettendogli un'eternità serena e priva di fatica.

La religione egizia non rimase statica, ma si evolse nel tempo: un cambiamento importante avvenne durante il regno del faraone Akhenaton (circa 1353-1335 a.C.), sovrano che scatenò una rivoluzione religiosa che vide la religione egizia concentrarsi attorno al culto di "Aten", il disco solare. Akhenaton costruì una capitale completamente nuova nel deserto di Amarna e ordinò di deturpare i nomi di alcune divinità egizie. Dopo la morte di Akhenaton, suo figlio Tutankhamon criticò la sua politica e riportò in auge la precedente religione politeista.

Quando l'Egitto passò sotto il dominio greco e romano, gli dèi e le dee dei conquistatori furono incorporati nella religione egizia. Un altro grande cambiamento avvenne dopo il primo secolo d.C. quando il cristianesimo si diffuse in tutto l'Egitto. In questo periodo, lo gnosticismo, una religione che incorporava alcune credenze cristiane, si diffuse nel paese. Un ricco corpus di testi gnostici fu scoperto nel 1945 nell'Egitto meridionale vicino alla città di Nag Hammadi. Nei tempi successivi, l'Islam si diffuse in tutto il paese dopo il 641 d.C., quando il paese fu conquistato dall'esercito musulmano. Oggi l'Islam è praticato dalla maggioranza degli abitanti dell'Egitto, mentre una minoranza è cristiana, in gran parte costituita da fedeli della Chiesa Copta.

Questo cappello introduttivo ci apre la strada ad una comprensione più approfondita degli antichi dèi politeisti dell'Egitto. Quando si cerca di identificare le molteplici divinità di questa civiltà è facile confondersi. Ne sono presenti in gran numero e non sempre sono raffigurati allo stesso modo. Per esempio, Thot, il dio della scrittura e messaggero del dio sole, viene a volte raffigurato come un ibis, un babbuino oppure, più raramente, come la luna. In modo analogo al pantheon ellenico, gli dèi egiziani simboleggiavano aspetti della vita, delle emozioni umane e del mondo fisico. Le divinità dell'antico Egitto erano parte integrante della vita quotidiana del popolo. Non sorprende quindi che ci fossero più di 2.000 divinità nel pantheon egizio. Alcune di queste divinità sono ben note: Iside, Osiride, Horus, Ra, Hathor, Bastet, Thathoroth, Anubi e Ptah, mentre molti altri lo sono meno. L'antica cultura egizia è sorta dalla concezione di queste divinità e dal ruolo vitale che esse svolgevano nel viaggio immortale di ogni essere umano. Di seguito troverete una lista dettagliata delle divinità principali e secondarie dell'antica terra dei faraoni.

LA GRANDE ENNEADE

Un certo ordine fu apportato alla mitologia egizia e alla sua miriade di divinità dagli stessi sacerdoti. Il risultato fu la creazione di un certo numero di enneadi, gruppi di nove divinità, di solito organizzati in famiglie. Il numero nove era un numero sacro e simbolico che poteva anche rappresentare "tutti" gli dèi.

Questo perché gli egiziani indicavano i plurali usando il numero tre e il nove era quindi percepito come il plurale dei plurali. Pertanto, "nove" non deve essere sempre preso alla lettera, l'enneade di Tebe, per esempio, consiste di quindici divinità. L'enneade più importante era quella di Eliopoli, spesso chiamata la Grande Enneade. A capo di questa famiglia c'era Atum, il dio-creatore e divinità del sole. I suoi figli, Shu e Tefnut, diedero vita al dio della terra Geb e alla dea del cielo Nut, che a loro volta furono i genitori di Osiride, Iside, Nefti e Seth. Occasionalmente, Horus è aggiunto a questa enneade come decimo dio, a volte come membro della quinta generazione (figlio di Osiride e Iside) e a volte come quinto figlio di Nut. Nei "Testi delle Piramidi" dell'Antico Regno si parla già dei cinque figli di Nut. Secoli dopo, Plutarco racconta come il dio del sole Helios (nome che i greci assegnavano a Ra) lanciò una maledizione sulla dea Rhea (il nome greco di Nut), proibendole di partorire i suoi figli nei 360 giorni dell'anno. Hermes (Thot in egiziano) aggiunse dunque cinque giorni all'anno (i cinque giorni epagomeni del calendario egizio) e in questi Nut diede alla luce i suoi cinque figli. Oltre alla Grande Enneade, c'era anche la Piccola Enneade, le cui divinità variavano con il passare del tempo. La Piccola Enneade di Eliopoli comprendeva Horus, Anubi, Maat e Thot. Un'altra Piccola Enneade comprendeva i Quattro Figli di Horus e i figli di Khentekhtai.

RA

ATUM-RA - DIO CREATORE

A tum (noto anche come Tem o Temu) fu il primo e più importante dio dell'Antico Egitto ad essere adorato a Iunu (Eliopoli, Basso Egitto). Atum era la divinità principale di Per-Tem ("casa di Atum") a Pithom nel Delta orientale. Nonostante la sua popolarità fosse all'apice nell'Antico Regno nel Basso Egitto, veniva spesso strettamente associato al faraone in tutto il territorio egizio. Durante il Nuovo Regno, Atum e il dio tebano Montu (Montju) vengono raffigurati con il re nel Tempio di Amon a Karnak. Nel Periodo Tardo, amuleti di lucertole venivano indossati in tutto l'Egitto come simbolo del dio.

Atum era il dio creatore nell'Enneade eliopolitana. Le prime testimonianze di Atum sono i *"Testi delle Piramidi"* (iscritti in alcune piramidi dei faraoni della quinta e sesta dinastia) e i *"Testi delle Bare"* (creati poco dopo per le tombe dei nobili). La natura creazionista di Atum ha due lati. Da un lato è la divinità che, in quanto associata al percorso di rinascita del sole, garantisce giorno dopo giorno la vita. Dall'altro, come testimoniato nel Libro dei Morti, Atum dice a Osiride che alla fine distruggerà il mondo, sommergendolo nuovamente nelle acque primordiali. In questa non-esistenza, Atum e Osiride sarebbero sopravvissuti sotto forma di serpenti.

Atum, Ra, Horakhty e Khepri costituivano i diversi aspetti del sole. Di questi, Atum era il sole al tramonto che viaggiava attraverso gli inferi ogni notte. La figura di Atum era anche legata alla teologia solare, come lo scarabeo che rappresentava il sole appena creato. Di conseguenza, il dio viene associato a Ra (il sole nascente), sia nel testo delle piramidi che in quello delle bare, con il nome di Atum-Ra, colui che "emerge dall'orizzonte orientale" e "riposa nell'orizzonte occidentale". In altre parole, Atum-Ra era visto come colui che moriva ogni notte al tramonto prima di risorgere all'alba. In questa forma, il dio simboleggiava dunque il sole al tramonto e il suo viaggio attraverso gli inferi fino al suo sorgere a est.

Atum veniva considerato il padre degli dèi, avendo dato vita alla prima coppia divina, Shu e Tefnut, da cui discendono tutte le altre divinità. Era anche considerato il padre dei faraoni: molti re usarono il titolo di "Figlio di Atum" anche molto tempo dopo che la base del potere si spostò da Eliopoli e la stretta relazione di Atum con il faraone persistette in molti rituali culturali e nei riti di incoronazione. Un papiro risalente al periodo tardo mostra che il dio aveva un'importanza centrale nella festa del nuovo anno in cui veniva riconfermato il ruolo del re. Dal Nuovo Regno in poi, Atum fa spesso la sua comparsa inscrivendo i nomi reali sulle foglie dell'albero sacro Ished e, in alcune iscrizioni del Basso Egitto, viene mostrato mentre incorona il faraone (per esempio il santuario di Ramses II a Pithom).

I testi nelle tombe del Nuovo Regno della Valle dei Re vicino a Tebe raffigurano Atum come un uomo anziano con la testa d'ariete che supervisiona la punizione dei malfattori e dei nemici del dio-sole. Egli respinge anche alcune delle forze del male negli inferi come i serpenti Nehebu-Kau e Apep (Apophis). Fornisce inoltre protezione a tutte le anime buone, assicurando loro un passaggio sicuro oltre il lago di fuoco dove si annida uno spaventoso dio dalla testa di cane che vive inghiottendo le anime e strappando i cuori. Atum è solitamente raffigurato in forma antropomorfa ed è tipicamente mostrato con la doppia corona dell'Alto e Basso Egitto. Uno dei dettagli che lo distingue da un faraone è la forma della sua barba e, inoltre, viene anche rappresentato con un disco solare e una lunga parrucca tripartita.

Nel suo ruolo ultraterreno, così come nel suo aspetto solare, Atum è spesso presentato con la testa di un ariete. Viene spesso raffigurato seduto su un trono, in piedi, oppure appoggiato ad un bastone quando si sottolinea la sua vecchiaia.

Il dio a volte era anche rappresentato dall'immagine della collina primordiale. Durante il primo periodo intermedio "Atum e la sua mano" appaiono addirittura come una coppia divina su alcune bare. Talvolta veniva rappresentato dal toro nero Mnewer, che portava il disco solare e l'ureo tra le corna. Il serpente, il toro, il leone, la lucertola e l'ichneumon (mangusta egiziana) sono i suoi animali sacri. Come scimmia, a volte era armato di un arco con cui attaccare i suoi nemici. Nel suo aspetto di divinità solare, Atum era anche raffigurato come uno scarabeo e la gigantesca statua che ora si trova presso il lago sacro a Karnak, raffigurante l'insetto sacro, era dedicata proprio a lui. Inoltre, numerose piccole bare di bronzo contenenti anguille mummificate, con una figura del pesce sulla parte superiore della scatola e un'iscrizione incisa su di essa, attestano un'altra incarnazione zoomorfa del dio.

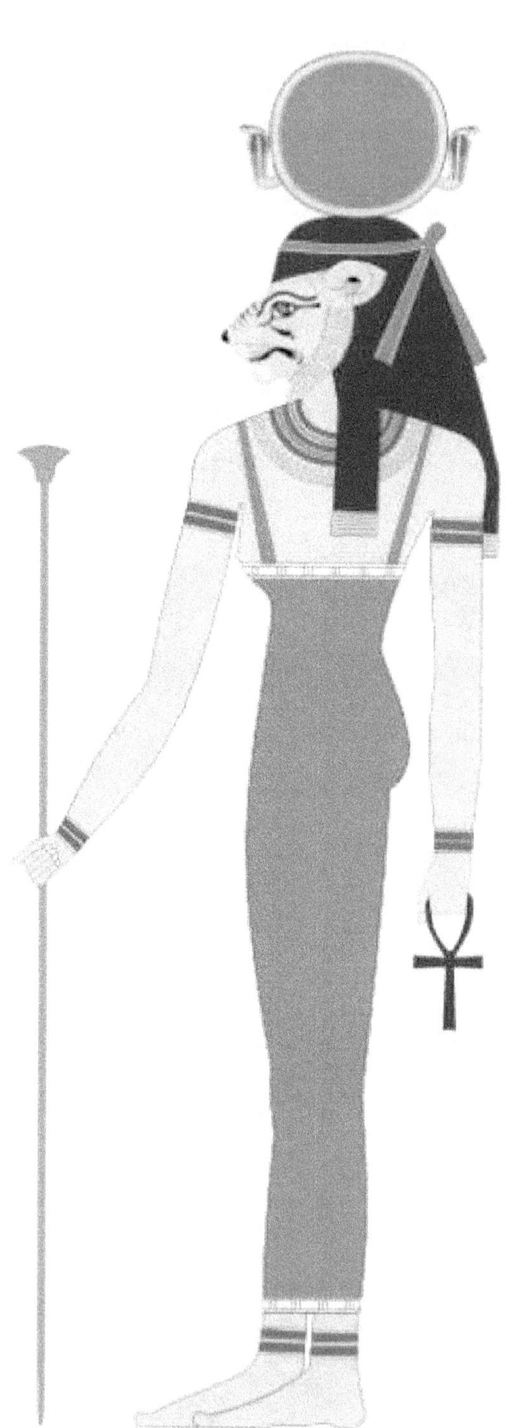

Tefnut - Dea dell'Acqua

Mentre noi, figli della modernità, tendiamo ad avere facile accesso all'acqua, lo stesso non valeva per le antiche civiltà. La perdita di una fonte d'acqua poteva significare la capitolazione della civiltà stessa e pochi popoli avevano questo concetto ben chiaro come quello egizio. Circondati dall'arido deserto su quasi tutti i lati, l'intera cosmologia egizia era costruita intorno al mantenimento dell'armonia cosmica per assicurare la sopravvivenza del fiume Nilo.

Una figura centrale in questo era la dea Tefnut, divinità della pioggia, dell'acqua e dell'umidità. A volte veniva anche considerata una divinità lunare, strettamente associata ai cicli e al potere del satellite terrestre. Come dea dell'acqua in una civiltà del deserto, Tefnut era, più di ogni altra divinità, la diretta responsabile della vita e del benessere del popolo egizio. Non a caso, la dea è tra i membri più importanti della grande Enneade e se c'era una figura che gli egiziani non volevano turbare, questa era proprio Tefnut, l'acqua del deserto.

Generalmente questa divinità veniva raffigurata come una leonessa o come una donna con il volto da leone. Meno spesso, veniva ritratta semplicemente come una donna. In tutti i casi, Tefnut riporta un disco solare sopra la sua testa e quando viene raffigurata in forma umana porta uno scettro, simbolo del suo potere, e l'Ankh che, come visto nella prima parte di questo libro, simboleggia il respiro della vita. Occasionalmente è stata anche rappresentata nella forma di un cobra.

Tefnut era la figlia di Atum-Ra, il creatore cosmico e dio-sole onnipotente. La divinità aveva un fratello gemello chiamato Shu, dio dell'aria e della luce. Ci sono diverse versioni su come Tefnut e suo fratello siano nati, ma in ognuna di esse è reso chiaro che sono stati generati asessualmente. Secondo il mito della creazione eliopolitano Atum produsse i gemelli con uno starnuto mentre era a Heliopolis; invece, in alcuni miti li creò con Hathor, la dea della fertilità dalla testa di mucca. In altre versioni ancora si dice che i gemelli siano nati dallo sputo di Atum e che il nome di Tefnut è legato a questo.

Un'altra versione della storia giunge a noi dai "Testi della Bara", la collezione di incantesimi funerari scritti sulle bare nell'antico Egitto che abbiamo precedentemente citato. In questa versione, Atum generò Shu starnutendo, mentre Tefnut nacque dalla saliva del suo sputo e il suo nome sarebbe anche legato a questo: di fatto, la prima sillaba del nome di Tefnut, "tef-", è parte di una parola che significa "sputare" o "uno che sputa". Poiché ci sono così tante varianti del mito, il modo in cui i fratelli sono effettivamente nati rimane un mistero.

Il fratello di Tefnut, Shu, divenne in seguito il suo consorte, ed insieme ebbero due figli: Geb, che divenne il dio della Terra, e Nut, la dea del cielo. La coppia divina ebbe anche diversi nipoti, tra cui Osiride, Nefti, Set e Iside; che successivamente divennero le più importanti divinità della mitologia egizia.

Come divinità principale dell'acqua, Tefnut era coinvolta in tutto ciò che aveva a che fare con questo elemento, comprese pioggia, rugiada e umidità. La dea era anche responsabile del tempo, dell'ordine, del cielo, dell'inferno e della giustizia. Aveva una stretta connessione con il sole e la luna ed era colei che provvedeva alla pioggia per nutrire le colture del popolo d'Egitto. Oltre al suo ruolo di dea dell'acqua, veniva anche associata ai morti come divinità responsabile di fornire acqua alle anime dei defunti.

Il suo culto era diffuso in tutto l'Egitto, ma i principali centri di culto della dea si trovavano a Leontopolis ed Hermopolis. C'era anche una parte di Denderah, una piccola città egiziana, che era chiamata *La casa di Tefnut* in suo onore. Leontopolis era l'antica città dove venivano venerate le divinità con la testa felina associate al dio del sole Ra. In questa città, il popolo venerava Tefnut come una leonessa con le orecchie a punta per distinguerla dalle altre divinità dalle fattezze feline. Una forma peculiare in cui la coppia divina di Tefnut e Shu veniva venerata era quella del fenicottero. Nella forma di questo animale erano considerati come rappresentazioni mitiche della luna e del sole. In qualsiasi modo fosse adorata, gli egizi si assicuravano di eseguire frequentemente i rituali in onore di Tefnut, poiché non volevano rischiare di farla arrabbiare. Se la dea si fosse arrabbiata, una terribile siccità si sarebbe potuta abbattere sul regno e l'Egitto ne avrebbe sicuramente tratto un'enorme sofferenza.

Shu - Dio dell'Aria

Nella mitologia egizia, Shu era il dio dell'aria, del vento e signore dei cieli. Il nome Shu significava *"il vuoto"* o *"colui che si alza"*. Shu era una divinità primordiale e uno degli dèi principali della città di Heliopolis. I greci associavano Shu al titano greco Atlante, poiché a entrambe le figure mitiche spettava il compito di sorreggere i cieli. Shu veniva prevalentemente associato alla nebbia, alle nuvole e al vento.

Nella teologia eliopolitana, Shu e la sua controparte Tefnut sono nati dal dio creatore Atum, il quale li generò in modo asessuato. Shu e Tefnut divennero allora le prime divinità dell'Enneade e dèi principali di Heliopolis. In una versione locale del mito della creazione, Shu e Tefnut nacquero da una leonessa e il loro compito era proteggere i confini orientali e occidentali dell'Egitto.

Nell'arte egizia, Shu era raffigurato con una piuma di struzzo sulla testa mentre portava lo scettro e l'Ankh. Tra le altre caratteristiche figurative di Shu possiamo annoverare la pelle scura e un disco solare sopra la sua testa per rappresentare la connessione con il dio del sole. Nell'accompagnare Ra nei suoi viaggi attraverso il cielo, Shu e Tefnet assumevano la forma di due leoni.

Shu ha avuto un ruolo significativo nella creazione della luce e dell'oscurità, del bene e del male. Questa divinità fu la responsabile della separazione di Nut e Geb, per formulare i confini tra il cielo e la terra. Senza questa divisione, la vita fisica e lo sviluppo non sarebbero stati possibili sul pianeta Terra. I due regni separati erano sostenuti da quattro colonne chiamate "pilastri di Shu". Prima della separazione, tuttavia, Nut aveva già dato alla luce le divinità primordiali Iside, Osiride, Nefti e Set. Shu eliminò dunque l'oscurità primordiale e portò la luce nell'universo separando Nut e Geb. Attraverso questa demarcazione, il dio stabilì anche un confine tra il regno luminoso dei vivi e il mondo oscuro dei morti.

GEB

Geb - Dio della Terra

Nell'antico Egitto, il dio Geb, conosciuto anche come Seb o Keb, era considerato il grande signore della terra, figlio delle precedenti divinità primordiali sopracitate e padre delle quattro divinità più influenti della mitologia egizia. Geb era un dio potente e una figura di spicco nel culto dell'antico Egitto. Lo stesso influenzò profondamente il cosmo, la terra e anche gli inferi. Si tratta di un vero e proprio membro d'onore dell'enneade che avrebbe plasmato la cultura egizia per secoli. Fatte queste premesse, non sorprende come Geb rimase un personaggio centrale della mitologia egizia per tutta la durata della civiltà. Diamo un'occhiata approfondita alla sua figura, i suoi attributi e le rappresentazioni artistiche che lo ritraevano trionfante nell'arte figurativa dell'antico Egitto.

Geb era figlio di Shu, il dio dell'aria, e di Tefnut, la dea delle acque, nonché nipote del dio-creatore Atum. Geb era il dio della terra e sua sorella, Nut, la dea del cielo. Insieme, formarono il mondo come lo conosciamo: Geb costituì la terra e Nut si arcuò su di lui, generando il cielo. Molte delle rappresentazioni li raffigurano proprio nello svolgimento dei propri ruoli. Nell'arte figurativa, Geb veniva raffigurato in diversi modi e con vari simboli e associazioni.

- In alcune delle sue rappresentazioni, Geb è ritratto con un'oca posata sulla testa. L'oca era il geroglifico che indicava il suo nome.

- In altre rappresentazioni, il dio è raffigurato con la pelle verde a causa delle sue associazioni con l'agricoltura.

- In altre opere d'arte, il dio della terra appare come un toro o un ariete.

- Nel Libro della Morte, le sue rappresentazioni lo mostrano con le fattezze di un coccodrillo.

- Altre ancora lo mostrano con un serpente intorno al collo o con la testa di un serpente.

Nonostante la varietà di rappresentazioni, probabilmente l'immagine più popolare di Geb è insieme a Nut. Ci sono diverse opere d'arte in cui Geb appare sdraiato sotto Nut, con i due che collaborano nel creare la forma sferica della Terra. Si tratta di una famosa rappresentazione delle due divinità nell'antico Egitto.

All'inizio dei tempi, Geb viveva nel cosmo insieme a Shu, Atum e Tefnut. Il mito di Geb è strettamente legato a quello di Nut e i due sono spesso citati come parte di un'unica entità. Secondo i miti, Geb e Nut nacquero abbracciati l'uno all'altra e si innamorarono. Sotto gli ordini di Atum, Shu li separò, creando così la separazione tra terra e cielo tutt'oggi osservabile. Alcune fonti propongono che l'oceano sia il risultato del pianto di Geb per la separazione dalla sua amata sorella e consorte. Insieme, la coppia divina ebbe diversi figli: le quattro famose divinità Osiride, Iside, Seth e Nefti.

Oltre ad essere un dio, Geb era considerato il re primordiale dell'Egitto. Per questo motivo, i faraoni dell'antico Egitto erano considerati discendenti diretti del dio e il loro trono era chiamato "Il trono di Geb". Proprio come suo padre gli aveva tramandato la corona, Geb cedette il trono a suo figlio Osiride. Dopodiché, partì per gli inferi, dove servì come giudice nel tribunale divino degli dèi: un nutrito gruppo di divinità che si occupava di giudicare le anime dei morti. Inoltre, come dio della terra, Geb era strettamente associato all'agricoltura poiché permetteva ai raccolti di crescere. In alcuni racconti, la sua risata era l'origine dei terremoti: ogni volta che Geb rideva, la terra tremava.

Nell'antico Egitto, Geb era anche considerato il padre dei serpenti. Infatti, uno degli antichi termini egizi per "serpente" significava "figlio della terra" e per questo motivo la gente vedeva questi rettili come figli di Geb. In alcuni racconti, il dio era visto come lo sposo di Renenutet, la dea-cobra dei raccolti. In quest'ultime rappresentazioni, Geb era visto come una divinità associata al male.

In quanto membro della Grande Enneade, Geb ebbe un'influenza significativa nell'antico Egitto. Come divinità associata all'agricoltura, Geb era responsabile dell'abbondanza delle colture e dei raccolti. Gli antichi egizi consideravano dunque i raccolti come un dono della copiosità del dio. Nei miti, Geb era anche responsabile di tutte le gemme, i minerali e le pietre preziose che emergevano dalla terra. In questo senso, era visto come il dio delle grotte e delle miniere.

Geb fu il terzo grande re divino del mondo dopo Ra e Shu. Il suo periodo di potere fu caratterizzato da abbondanza, prosperità, ordine e grandezza. Grazie a tutte queste caratteristiche, le famiglie reali dell'Antico Egitto lo considerarono come la principale figura della regalità. Poiché era anche colui che rispondeva dei terremoti, Geb era anche responsabile /di molte catastrofi naturali dell'Antico Egitto. A seconda dell'epoca, della regione e dei miti a cui era localmente legato, gli antichi egizi lo consideravano una divinità benevola o malevola. Diversi studiosi hanno tracciato delle somiglianze tra Geb e il dio titano greco Crono, considerato da molti il suo equivalente greco.

NUT

Nut - Dea del Cielo

Nella mitologia egizia, anche la grande dea Nut era una delle nove divinità primordiali. Aveva una forte influenza sul popolo egizio e veniva adorata indistintamente in tutto il territorio. La sua progenie avrebbe influenzato la cultura per secoli. Diamo uno sguardo più da vicino al suo mito.

Sorella di Geb, Nut era la figlia di Shu, il dio dell'aria, e di Tefnut, la dea dell'acqua. All'inizio della sua storia, Nut era la dea del cielo notturno, ma più tardi divenne la dea del cielo in generale. In alcuni resoconti, Nut era anche la dea dell'astronomia, delle madri, delle stelle e dell'universo. Nella maggior parte delle sue rappresentazioni, Nut appariva come una donna nuda arcuata sopra Geb. Poiché Geb rappresentava la terra e Nut il cielo, i due insieme formavano il mondo. In alcuni casi, la divinità appariva anche come una mucca, poiché questa era la forma che assumeva quando portava il sole. Il geroglifico indicante il suo nome era un recipiente per l'acqua; di conseguenza, diverse rappresentazioni la mostrano seduta con una bacinella piena d'acqua tra le mani o sulla testa. Secondo il mito, Nut e Geb nacquero abbracciati e presto si innamorarono. A causa del loro stretto abbraccio, tra i due non c'era spazio per la creazione.

Il dio-creatore Atum aveva paura che i figli di Nut potessero prendere il suo trono; di conseguenza, quando scoprì che era incinta, Atum proibì a Nut di avere figli in tutti i 360 giorni dell'anno. Nel calendario dell'antico Egitto, l'anno aveva infatti dodici mesi di 30 giorni ciascuno. Nut cercò l'aiuto di Thot, il dio della saggezza, il quale, secondo alcuni ricercatori, era segretamente innamorato di Nut e non esitò ad aiutarla. Il dio della saggezza iniziò così a giocare a dadi con Khonsu, il dio della luna. Ogni volta che la luna perdeva, doveva dare un po' della sua luce lunare a Thot. In questo modo, il dio della saggezza fu in grado di creare cinque giorni in più, affinché Nut potesse dare alla luce i suoi figli.

In qualità di dea del cielo, Nut ricopriva diversi ruoli nella mitologia dell'antico Egitto. Formando un arco sopra Geb, le sue dita delle mani e dei piedi rappresentavano i quattro punti cardinali del mondo. Nei miti, Atum, che oltre ad essere dio-creatore era anche personificazione del sole, viaggiava sul corpo di Nut durante il giorno, il che rappresentava la traiettoria percorsa dal sole. Al tramonto, Nut ingoiava il sole, che avrebbe attraversato il suo corpo per poi rinascere il giorno dopo. In questo senso, Nut era quindi responsabile della divisione del giorno e della notte, oltre che del regolare transito del sole. In alcune fonti, a causa di questo processo, Nut appare come la madre di Atum.

La dea del cielo aveva anche associazioni con la morte: in alcune delle sue raffigurazioni appare dentro una bara, per rappresentare la protezione sui morti. Per questo motivo, Nut era considerata la protettrice delle anime fino alla loro rinascita nell'Aldilà. In questo senso, la gente la dipingeva all'interno del coperchio dei sarcofagi, in modo che potesse accompagnare il defunto nel suo viaggio nell'oltretomba.

Uno dei nomi di Nut era *"colei che porta gli dèi"*, perché era la madre della terza generazione di dèi egizi, considerati tra i più influenti in assoluto. Tuttavia, questo titolo potrebbe anche riferirsi alla nascita quotidiana di Atum da Nut al mattino. Nel mito della nascita dei suoi figli, Nut è stata la causa del cambiamento nel calendario. Potrebbe dunque essere proprio grazie a lei che oggi seguiamo l'attuale divisione dell'anno.

OSIRIDE

OSIRIDE - DIO DELL'OLTRETOMBA

Nella mitologia egizia, Osiride era il dio della fertilità, della vita, dell'agricoltura, della morte e della resurrezione. Il nome di Osiride significava "potente" o "nobile" ed era anche considerato il primo faraone e re d'Egitto. Osiride era rappresentato dal mitico uccello Bennu, che aveva il potere di risorgere dalle ceneri. Il suo mito fu incorporato in vari generi letterari e divenne il racconto più popolare di tutto l'Egitto. Diamo uno sguardo più da vicino al mito di Osiride ed esaminiamo il suo significato nella cultura egizia.

Osiride nacque dagli dèi creatori Geb e Nut, fu il primo re a governare il popolo d'Egitto e per questo venne soprannominato "Signore della Terra". Osiride regnava con Iside, sua sorella e compagna. Gli storici deducono che Osiride sia esistito come divinità predinastica sia nel ruolo di sovrano degli Inferi sia come dio della fertilità e della prosperità. Questi antichi racconti furono successivamente agglomerati in un unico testo chiamato *"Il mito di Osiride"*. Questo testo assunse una forma completamente nuova quando i greci colonizzarono l'Egitto. Infatti, quest'ultimi adattarono il mito al loro contesto culturale e fusero la storia di Osiride con quella di Serapide, la divinità del sole. Insieme, Osiride e Serapide divennero le divinità principali di Alessandria.

Nell'arte e nelle rappresentazioni egizie, Osiride era raffigurato come un bell'uomo dalla pelle nera o verde. La divinità portava l'Atef, la corona dell'Alto Egitto, sulla testa e tra le braccia teneva il bastone e il flagello. In alcune rappresentazioni, Osiride era anche ritratto come un ariete mitico, conosciuto come *Banebdjed*. Altre raffigurazioni rinvenute su tombe e camere sepolcrali mostravano Osiride come un essere parzialmente mummificato, a rappresentare il suo ruolo negli Inferi. Diversi simboli venivano utilizzati per rappresentare Osiride. Ecco alcuni dei simboli più comuni:

- **Bastone e flagello** - Il bastone e il flagello erano i principali emblemi egizi del potere e dell'autorità reale. Rappresentano anche la fertilità agricola della terra.

- **Corona di Atef** - La corona di Atef presenta l'Hedjet con una piuma di struzzo su entrambi i lati.

- **Djed** - Il Djed è un importante simbolo di stabilità e potere. Si crede anche che rappresenti la sua spina dorsale.

- **Piume di struzzo** - Nell'antico Egitto, le piume rappresentavano la verità e la giustizia, proprio come la piuma di Ma'at. Incorporare piume di struzzo nella corona di Osiride simboleggiava il suo ruolo di sovrano giusto e sincero.

- **Garza di mummia** - Questo simbolo si riferisce al suo ruolo di dio degli Inferi. Nella maggior parte delle raffigurazioni, Osiride viene mostrato avvolto in bende da mummia.

- **Pelle verde** - La pelle verde di Osiride rappresentava la sua associazione con l'agricoltura, la rinascita e la vegetazione.

- **Pelle nera** - A volte Osiride veniva raffigurato con la pelle nera, a significare la fertilità della valle del Nilo.

Diverse celebrazioni egiziane come la Caduta del Nilo e la Festa del Djed celebravano il ritorno e la resurrezione di Osiride che vedremo nel prossimo capitolo. Uno dei rituali più importanti di queste feste era la semina delle colture: uomini e donne scavavano diversi giacigli di terra riempiendoli di semi. La crescita e la germinazione di questi simboleggiavano il ritorno di Osiride. In queste celebrazioni, si recitavano complessi drammi basati sul mito di Osiride e questi spettacoli di solito si concludevano con la rinascita e la resurrezione del re. Alcune persone costruivano anche un fantoccio di Osiride, usando grano coltivato nel tempio e acqua, per simboleggiare la sua resurrezione dai morti.

ISIDE

ISIDE - DEA-MADRE DELLA REGALITÀ

Nella mitologia egizia, Iside era una divinità importante, conosciuta per il suo ruolo negli accordi reali degli dèi. Insieme a Osiride, si tratta di una delle figure più famose ed influenti della mitologia egizia.

Iside era figlia di Nut, la dea del cielo, e di Geb, il dio della terra. Protettrice delle donne e potente regina, Iside fu la prima a regnare sul popolo d'Egitto insieme a Osiride, suo marito e fratello. Era anche considerata la dea della luna, della vita e della magia; oltre a presiedere anche al matrimonio, alla maternità, agli incantesimi e alla guarigione. Il suo nome in egiziano antico significa "trono".

Nella sua figura emblematica, Iside rappresentava quasi tutte le altre dee del Pantheon egizio, in quanto era considerata la divinità femminile di gran lunga più influente della cultura. Le altre divinità femminili apparivano in molti casi come semplici aspetti della dea. Iside era la dea madre per eccellenza, conosciuta per i suoi stretti legami con il figlio Horus.

Le rappresentazioni di Iside la mostrano come una bella donna che indossa un tubino, tiene un Ankh in una mano e un bastone nell'altra. Alcune altre raffigurazioni mostrano Iside come una mucca (a simboleggiare il suo status materno), una scrofa, uno scorpione e talvolta un albero. Dal Nuovo Regno in poi, Iside venne sempre più spesso raffigurata con gli attributi caratteristici di Hathor.

Questi includevano rappresentazioni con corna di mucca sulla testa, con un disco solare al centro e con un sonaglio di sistro. Un simbolo strettamente associato a Iside è il Tyet, conosciuto anche come il "Nodo di Iside", che rappresenta il benessere, la vita e il suo sangue mestruale, ritenuto magico.

SETH

Seth - Dio della Guerra

Nell'antico Egitto, Seth, noto anche come Set, era il dio della guerra, del caos e delle tempeste. Si tratta di uno degli dèi più importanti del pantheon egizio e, nonostante sia diventato una figura associata al male, le cose in principio erano molto diverse.

Seth era il figlio di Geb, il dio della terra, e Nut, la dea del cielo. Come abbiamo visto, la coppia ebbe diversi figli, così Set divenne il fratello di Osiride, Iside e Nefti. Il dio sposò sua sorella, Nefti, ma ebbe anche altre consorti da terre straniere, come Anat e Astarte, e i suoi figli furono Anubi e Maga. Seth era il signore del deserto e il dio delle tempeste, della guerra, del disordine, della violenza, delle terre e dei popoli stranieri.

In contrasto con altre divinità, Seth non aveva un animale specifico come simbolo associato e le sue raffigurazioni lo mostrano con un corpo canino, lunghe orecchie e una coda biforcuta. Potremmo definirlo come una creatura somigliante ad un cane, anche se non chiaramente identificata. L'aspetto della divinità potrebbe essere stato un misto di diverse creature come asini, levrieri, volpi e oritteropi. Altre rappresentazioni lo mostrano come un uomo dai tratti marcati, tipicamente raffigurato mentre tiene in mano lo scettro Was. L'influenza originale di Seth era quella di un dio-eroe, ma, nel corso della storia, Horus prese il suo posto. A causa di ciò, tutti i faraoni iniziarono a riferirsi a Horus quando cercavano protezione. Il sesto faraone del Medio Regno, Peribsen, scelse tuttavia

Seth come divinità protettrice. Questa decisione fu un evento più unico che raro, dato che Horus era da sempre considerato il dio protettore della corona per eccellenza. Non è chiaro perché questo particolare faraone decise di affidarsi al culto Seth, che era ormai considerato il malvagio dio del caos.

Come principale dio antagonista e usurpatore, Seth aveva un ruolo primario nelle vicende del trono egizio: dopo che uccise Osiride e gli rubò la corona, la prosperità del dominio del fratello cadde in pezzi e un'era caotica ebbe luogo durante il dominio di Seth. Anche come figura malvagia, questa divinità era considerata di fondamentale importanza nella mitologia egizia a causa del concetto di maat, che si riferisce alla verità, all'equilibrio e alla giustizia nell'ordine cosmico. Gli antichi egizi credevano fermamente nell'equilibrio dell'universo e, affinché questo equilibrio potesse avere luogo, il caos e il disordine avevano la stessa importanza del bene e dell'ordine.

NEFTI

NEFTI - DEA DELL'OSCURITÀ

Nefti era considerata la dea del tramonto, del crepuscolo e della morte. Il suo nome significava "Signora del Recinto" e, in quanto dea dell'oscurità, uno dei suoi poteri era quello di rivelare oggetti nascosti alla luce della luna.

Nefti era considerata una divinità guardiana e protettrice dei defunti. Era solita trasformarsi in nibbio (un uccello rapace famoso nella cultura antico-egizia per i suoi versi acuti) per salvaguardare i morti dai predatori e proteggerli dagli spiriti maligni. Quando era sotto forma di rapace, Nefti urlava e gemeva come una donna in lutto, per segnalare e simboleggiare la morte. Nefti era chiamata anche "amica dei morti" perché aiutava le anime defunte nel loro viaggio verso l'Aldilà. Inoltre, pacificava i parenti ancora in vita del defunto e portava loro notizie.

Nella mitologia egizia, Nefti ebbe un ruolo significativo nel proteggere e preservare il corpo di Osiride. Mummificando il corpo del re, Nefti e Iside furono in grado di assistere Osiride nel suo viaggio nell'Oltretomba. Si dice che la dea abbia anche protetto i vasi canopi di Hapi e i vasi della tomba di Tutankhamon.

Oltre a ciò, Nefti simboleggiava anche gli aspetti femminili come l'allattamento e il nutrimento. La stessa era anche la madre che allattava Horus e lo allevava in una foresta nascosta. La dea era anche simbolo della mummificazione e dell'imbalsamazione, per via dell'aiuto dato a Iside nel preservare il corpo di Osiride. Nella cultura popolare, Nefti rappresentava anche la goliardia e le celebrazioni: era la dea della birra e si pensava fosse lei a concedere al popolo il permesso di bere eccessivamente durante le festività.

dalla testa di falco. Il rapace era rispettato per il suo dominio sui cieli e la sua capacità di librarsi in alto. Dato che Horus aveva anche associazioni con il sole, in alcune rappresentazioni viene talvolta raffigurato con un disco solare. Tuttavia, la maggior parte delle rappresentazioni lo mostra con lo Pschent, la doppia corona indossata dai faraoni nell'antico Egitto, a simboleggiare la sua regalità su tutto il paese.

Gli studiosi sostengono che la figura di Horus possa essere stata usata per giustificare il potere supremo dei faraoni: identificando il faraone con Horus, il quale rappresentava il diritto divino di governare su tutta la terra, al faraone veniva concesso lo stesso potere e il suo dominio era teologicamente giustificato.

Il popolo venerava Horus come un buon re fin dalle prime fasi della storia egizia. Come protettore della civiltà, diversi templi in tutto il territorio egizio erano dedicati al suo culto. In alcuni casi, la gente associava Horus alla guerra a causa del suo conflitto con Seth. Pregavano per ricevere la sua benedizione prima delle battaglie e lo invocavano al termine di esse per la celebrazione della vittoria. Gli egizi invocavano Horus anche durante i funerali, affinché fornisse ai morti un passaggio sicuro verso l'aldilà.

Altre Divinità Importanti

Come abbiamo visto, per tutti i popoli antichi il mondo era colmo di mistero e magia. Molto di ciò che le antiche genti sperimentavano nel quotidiano contesto naturale veniva considerato mistico ed ignoto. In questo, gli antichi egizi non solo non rappresentavano un'eccezione, ma più di altri popoli si impegnarono nel trovare risposte attraverso un culto fortemente identitario e scarno da influenze esterne. Le antiche divinità egizie rappresentavano aspetti dell'ambiente naturale e "soprannaturale" e fornivano al popolo delle risposte ad eventi altrimenti inspiegabili. Con questo in mente, non sorprende che il pantheon egizio annoverava tra le sue divinità molte altre figure oltre a quelle già menzionate. Nel paragrafo che segue esploreremo alcune delle più importanti divinità il cui culto era secondario solo rispetto a quello degli dèi della grande Enneade. Diamo dunque un'occhiata più approfondita ad alcune delle figure religiose a cui gli antichi egizi rivolgevano ogni giorno le proprie preghiere.

MAAT

Maat - Dea della Verità e della Giustizia

Maat era la dea della verità e della giustizia ed in sé incarna l'armonia dell'universo. Il suo potere regolava le stagioni e il movimento delle stelle e veniva raffigurata come una donna seduta che indossava una piuma di struzzo oppure, talvolta, solo come la piuma stessa. Maat era la patrona della giustizia e il simbolo dell'antica etica egiziana, proprio per questo motivo il visir che si occupava dei tribunali, paragonabile ad un attuale ministro della giustizia, si chiamava *"Sacerdote di Maat"*.

All'essenza delle sue funzioni, Maat era il giudice ultimo dell'aldilà, con il compito di giudicare l'onore del defunto attraverso la pesatura del cuore nella Sala delle Due Verità. Ammut, divoratrice di morti, avrebbe mangiato coloro il cui cuore risultava più pesante della piuma della dea e, di conseguenza, considerato impuro e malvagio.

THOT

THOT - DIO DELLA SAPIENZA

Una delle divinità più complesse dell'antico pantheon egizio, Thot era il dio della luna, della medicina, della scienza, della magia, del giudizio e della scrittura. Figura di enorme rilievo, la divinità ricopriva ruoli significativi in diversi miti giunti a noi. Il mito di Thot ha origini differenti rispetto a quelle che hanno generato la maggior parte del pantheon egizio. Di conseguenza, Thot assunse il ruolo di perpetuo "outsider"; il dio non era al centro di nessun mito importante e le sue storie potevano spesso risultare contorte o vaghe. A conferma di ciò, in molti racconti Thot appariva senza spiegazione. Nonostante la strana posizione ricoperta, o forse proprio grazie a questa, la divinità ricopriva un ruolo chiave nel mito egizio e veniva rispettato da tutti. In seguito al declino dell'antica religione egizia, visse nella tradizione religiosa greca come Hermes, il messaggero degli dèi.

Come era comune per gli dèi egiziani, il significato esatto del nome di Thot era poco chiaro. Si pensa comunemente che il suo nome significasse *"Colui che è come l'Ibis"*. Gli egiziani lo conoscevano come Djehuty e i greci come Hermes. Molti nomi di città egiziane derivavano dai nomi greci degli dèi che vi erano venerati. Hermopolis era così chiamata grazie alla sua posizione come centro di culto di Thot. Tra i molti epiteti di questa divinità c'erano: *"Thot - Signore dell'Ogdoad"*, *"Thot - Senza Madre"* e *"Thot - il custode del luogo di Ra"*.

Divinità incredibilmente importante per gli Egizi, Thot rappresentava molte sfaccettature della realtà. Era il dio della luna, della scienza, della saggezza, delle magie segrete e della medicina. Tra i suoi attributi, Thot inventò la scrittura e si credeva fosse il patrono degli scribi. Come messaggero degli dèi, spesso serviva come intermediario di Ra tra le terre dei vivi e quelle dei morti e, in quanto suo consigliere più fidato, aveva anche il compito di registrare tutto ciò che accadeva. Burocrate giusto e incorruttibile, veniva visto come un giudice senza pari. Più che un semplice osservatore, Thot era l'esecutore del maat, l'ordine cosmico, e in questa veste serviva sia come impeccabile diplomatico che come spietato boia.

Anche se Thot appariva nella mitologia sia come un uomo dalla testa di ibis sia come un babbuino, la sua personalità rimaneva coerente attraverso queste rappresentazioni. Mentre le immagini di Thot come babbuino hanno preceduto le sue rappresentazioni con la testa di ibis, quest'ultima è emersa nel tempo come sua principale raffigurazione. Entrambe le rappresentazioni del dio alludevano al suo status di divinità lunare: il becco ricurvo dell'ibis assomiglia a una luna crescente, mentre la testa del babbuino era spesso sormontata da un copricapo che raffigurava una luna piena e una luna crescente.

BASTET

Bastet - Dea-Gatto Protettrice Del Popolo

𓀀 𓁐 𓀭 𓀬 𓀗 𓀎 𓀃 𓀁 𓀄 𓀆 𓀅 𓀇 𓀈 𓀉 𓀊 𓀋 𓀌

Membro importante dell'antico pantheon egizio, Bastet era una dea dalla testa di felino che serviva come protettrice del popolo e come manifestazione dell'Occhio di Ra. Originariamente una divinità feroce, Bastet divenne più benevola con il tempo e le sue tendenze aggressive furono trasmesse alla dea Sekhmet. Il nome di Bastet si traduce come *"Colei del vaso dell'unguento"* e per questo motivo la dea-gatto era spesso raffigurata mentre portava tale recipiente.

È importante riconoscere che i nomi delle antiche divinità egizie erano spesso collegati ad altri termini a causa delle loro strutture fonetiche simili. Il vaso dell'unguento da cui Bastet prendeva apparentemente il nome non giocava alcun ruolo nella sua mitologia o nel suo culto, suggerendo che la connessione con la dea fosse puramente fonetica. Bastet era facilmente identificabile nei geroglifici come la donna dalla testa di gatto mentre portava l'omonimo vaso e un sistro, entrambi decorati con motivi felini.

Alcune delle prime rappresentazioni di Bastet sembrano suggerire che originariamente fosse una leonessa o una donna dalla testa di leone. Tuttavia, nel corso del tempo la sua rappresentazione passò a quella di un gatto domestico. Sebbene la transizione dal leone al gatto domestico possa sembrare radicale, in realtà rifletteva un importante cambiamento nella società egizia. I gatti erano stati addomesticati solo di recente e gli egizi li apprezzavano allo stesso tempo per la loro natura rapace, ma anche per le loro tendenze genitoriali e affettuose. Bastet era spesso considerata una versione più gentile e delicata della dea Sekhmet: entrambe le dee erano associate all'Occhio di Ra e ai suoi poteri distruttivi, ma dove Sekhmet era collerica, Bastet era protettiva. Si credeva che fosse una dea del piacere, una protezione contro le malattie contagiose e gli spiriti maligni e una protettrice del popolo egizio.

ANUBI

Anubi - Divinità Dei Riti Funerari

Una delle figure più famose dell'antico pantheon egizio, Anubi era una divinità potente il cui ruolo subì diverse variazioni nel tempo. Prima che Osiride e Iside salissero alla ribalta, Anubi era venerato come dio dei morti - una figura divina di altissima rilevanza. Quando Osiride assunse questo ruolo, tuttavia, Anubi divenne il dio della mummificazione (nonché il figlio di Osiride). Nonostante la sua importanza e il suo culto sia antico di diversi millenni, la figura di Anubi appare raramente come protagonista nel mito egizio. La sua funzione più importante si rivede in una delle tante versioni dell'assassinio di Osiride, in cui imbalsamò il dio defunto per poi uccidere Set.

Come gran parte del pantheon egizio, il nome di Anubi è giunto a noi come traduzione greca del suo nome egizio. Questo fu in parte dovuto al fatto che i greci continuarono a venerare o almeno ad ammirare gli dèi egizi, ma anche all'ambiguità del sistema di scrittura senza vocali impiegato dal popolo delle piramidi. Una resa accurata del suo nome in egiziano antico è *jnpw*. Alcune traduzioni di jnpw hanno reso il nome egiziano di Anubi come "*Anpu*" o "*Inpu*". Il dio aveva molti epiteti tra cui: *"Il primo degli occidentali"*, *"Signore dell'Avvolgimento delle Mummie"* e *"Capo dell'altopiano occidentale"*.

In quanto una delle divinità più iconiche, Anubi possedeva diverse caratteristiche distintive. Le sue rappresentazioni lo mostrano con un corpo umano, come la maggior parte delle divinità egizie, e la testa di uno sciacallo. La sua pelle era tipicamente di color nero pece ed era spesso raffigurato in posizione seduta. Come molte divinità egizie, Anubi era capace di mutare forma; un esempio di questa abilità è quando vide il corpo morto di Osiride e per lo spavento si trasformò immediatamente in una lucertola. Inoltre, il dio-sciacallo era un fedele seguace di Iside, che lo adottò dopo il suo abbandono da bambino. Feroce combattente, sconfiggeva abitualmente il dio Set in battaglia.

Bes - Protettore Delle Famiglie

𓀀𓀁𓀂𓀃𓀄𓀅𓀆𓀇𓀈𓀉𓀊𓀋𓀌𓀍𓀎𓀏𓀐𓀑𓀒𓀓𓀔𓀕𓀖𓀗𓀘𓀙𓀚

Bes è il dio dei nani, protettore delle famiglie, delle madri e dei bambini. Uno degli dèi esteticamente più brutti e allo stesso tempo più popolari dell'antico Egitto, a Bes veniva attribuito il potere di spaventare gli spiriti maligni. Appariva spesso sugli amuleti e nell'arte scultorea come un piccolo omino peloso con una criniera da leone e un naso da carlino. Gli egizi credevano che i nani, e in generale tutte le persone con delle diversità rispetto al resto della popolazione, fossero intrinsecamente magici. Bes era inoltre considerato un essere estremamente fortunato. Il dio vegliava in particolar modo sui bambini, sulle donne che partorivano e in generale su chiunque avesse bisogno di protezione dal male.

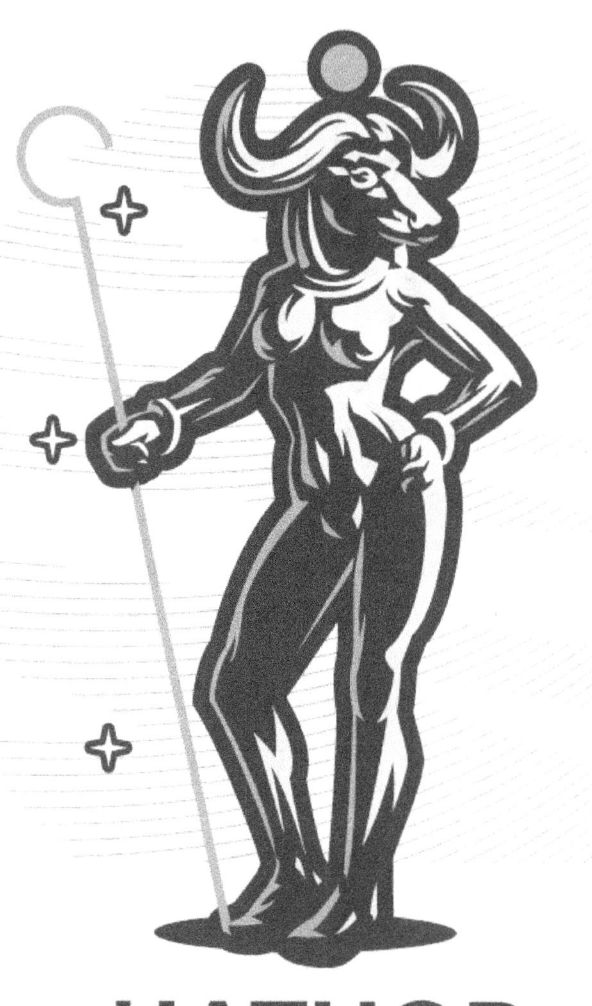

HATHOR

HATHOR - DEA DELL'AMORE E DEL PIACERE

Con origini che risalgono a quasi 5000 anni fa, Hathor - la dea dalla testa di mucca - era una delle più antiche dee del pantheon egizio. Sebbene fosse la dea dell'amore, della maternità, della nascita, della gioia e della musica, adempiva anche altri ruoli. Nei suoi primordi, si scatenava sulla terra distruggendo chiunque osasse deridere suo padre. Le sue varie sfaccettature avevano lo scopo di simboleggiare sia la coerenza che la mutevolezza della cosmologia egizia. Mentre Iside avrebbe poi sostituito Hathor in molti dei suoi ruoli, il culto della dea dalla testa di mucca sarebbe continuato fino al periodo greco-romano, oltre 3000 anni dopo il suo esordio.

Il nome di Hathor significava letteralmente "La casa di Horus". Il significato di tale titolo è però più difficile da analizzare, poiché è passibile ad una serie di interpretazioni. Una di queste è che il nome si riferisse a Hathor come madre di Horus e che "casa" significasse "grembo". Tuttavia, il geroglifico (un falco all'interno del segno che rappresenta un recinto murato) è vago e potrebbe facilmente riferirsi a Hathor come moglie di Horus. Un altro modo di leggere questo simbolo è considerandolo una metafora del cielo; in quanto falco, si pensava che Horus vi risiedesse. Tra i molti epiteti di Hathor c'erano: *"La Primigenia"*, *"La Signora del Tutto"*, *"Signora dell'Ovest"* e *"Signora del Paese Sacro"*.

Mentre questa dea è facilmente riconoscibile come una donna dalla testa di mucca, veniva rappresentata anche in altri modi, tra cui: una mucca, una donna con orecchie di mucca, una donna con corna di mucca e un disco solare. L'ultima di queste modalità la rendevano difficile da differenziare rispetto a Iside, con cui condivideva questa raffigurazione. A volte, Hathor veniva anche rappresentata come una leonessa, un serpente, un sicomoro o una pianta di papiro. Inoltre, gli Egizi associavano questa divinità alla costellazione di Mesketiu, oggi nota come Orsa Maggiore. Questo perché tale costellazione prendeva la forma della zampa posteriore di un bue.

Mentre molti elementi del culto di Hathor cambiarono nel tempo, fu sempre considerata la dea dell'amore, del matrimonio e della maternità. Il suo legame con l'amore persistette fino al periodo greco-romano, dove era considerata una manifestazione di Afrodite. Oltre all'amore, Hathor era la dea del piacere e della musica. Il sistro, uno strumento simile al sonaglio, giocava un ruolo importante nei rituali e nelle cerimonie del culto della dea. Anche l'alcol era strettamente legato al suo culto e la sua immagine si trovava spesso su recipienti contenenti vino o birra.

Hathor veniva spesso mostrata mentre indossava un menat, una collana di perline che simboleggiava la rinascita. Un elemento particolare della mitologia egizia era che gli dèi e le dee potevano trasformarsi l'uno nell'altro agendo in base agli attributi dominanti. In altre parole, quando Hathor esprimeva elementi di Sekhmet (cioè rabbia violenta), diventava Sekhmet. Poteva valere anche il contrario: placando Sekhmet, gli adoratori speravano di convertirla in una dea più benigna come Hathor o Bastet. Anche per via di questo elemento di confusione, Hathor veniva spesso confusa con Nut e Iside.

PTAH - DIO DELLE ARTI E DEI MESTIERI

A ntico dio egizio degli artigiani e delle arti - nel mito di Memphis - Ptah pronunciò le parole che ispirarono la genesi dell'universo. Parte della Triade memphita, Ptah era il marito di Sekhmet e padre di Nefertum. Anche se le origini precise del nome di Ptah rimangono poco chiare, diversi indizi possono essere ricavati dalle informazioni giunte a noi. Il sommo sacerdote del culto di Ptah era indicato come *wer-kherep-hemu*, o *"Grande capo degli artigiani"*. Questo titolo suggerisce che il nome di Ptah potrebbe essere collegato alla parola- radice egizia che significa "scolpire". Gli epiteti di Ptah includevano: *"Signore dell'Anno"*, *"Fabbricante della Terra"* o *"Signore della Resurrezione"*.

Come scultore divino, Ptah era considerato il dio delle arti, dei mestieri e della mente creativa. Il dio era anche patrono degli scultori e degli operai metallurgici, la sua relazione con gli artigiani ha anche solidificato la sua associazione con i nani. Ptah-Paitakos era una forma di Ptah raffigurato come un nano acondroplasico. Questo legame tra il nanismo e la lavorazione dei metalli, in particolare la produzione di gioielli, era probabilmente il risultato dell'esposizione cronica ai metalli pesanti, come l'arsenico e il piombo. Il dio-fabbro greco Efesto era similmente storpio e potrebbe essere considerato, almeno in parte, un adattamento di Ptah. La divinità era solitamente raffigurata come un uomo con la pelle blu e la barba, che sfoggiava una calotta cranica e uno scettro. La barba dritta di Ptah costituisce l'eccezione alla regola rispetto le barbe degli altri dèi.

SOBEK - DIO DEL CAOS

𓋴𓃀𓎡𓇋𓏏𓇋𓅱𓀭 ...

Sobek *(conosciuto anche come Sebek, Sebek-Ra, Sobeq, Suchos, Sobki e Soknopais)* era l'antico dio dei coccodrilli. Viene menzionato per la prima volta nei Testi delle Piramidi e il suo culto giunse fino al periodo romano. Nell'Egitto antico, alcune sette credevano che Sobek fosse il creatore del mondo che sorse dalle *"Acque Oscure"* creando l'ordine nell'universo. Come *"Signore delle Acque"* si pensava che fosse sorto dalle acque del Nun, l'oceano primordiale che esisteva prima di ogni cosa, per creare il mondo e che il Nilo fosse generato dal suo sudore.

Una versione poco popolare del mito della creazione affermava che Sobek aveva deposto delle uova sulla riva delle acque del Nun, creando così i primi esseri viventi. Tuttavia, sebbene Sobek venisse visto come una forza della creazione, era anche considerato una divinità imprevedibile che talvolta si alleava con le forze del Caos.

Sobek apparve per la prima volta nell'Antico Regno come figlio di Neith con l'epiteto *"Il Rager"*. Secondo alcuni miti, suo padre era Set, il dio del tuono e del caos, ma aveva anche una stretta associazione con Horus. Sobek venne accoppiato con un certo numero di dee in luoghi diversi, in particolare Hathor, Renenutet, Heqet e Taweret; e fu talvolta indicato come il padre di Khonsu, Horus o Khnum. In alcune zone, un coccodrillo addomesticato era adorato come incarnazione terrena di Sobek stesso, mentre in altri luoghi i coccodrilli erano vituperati, cacciati e uccisi. Sembra dunque che Sobek sia nato come un dio oscuro che doveva essere placato, ma che le sue qualità protettive e la sua forza potevano essere apprezzate quando venivano usate in difesa del faraone e del popolo. Sobek poteva proteggere i morti giustificati nell'oltretomba, restituendo loro la vista e ravvivando i loro sensi.

Nelle arti figurative, Sobek veniva rappresentato come un coccodrillo, un coccodrillo mummificato o un uomo con la testa di coccodrillo. Spesso indossava un copricapo piumato con un disco solare cornuto o la corona atef (associandolo ad Amon-Ra), mentre portava lo scettro Was (che rappresenta il potere) e l'Ankh (che rappresenta il soffio della vita). Coccodrilli mummificati rappresentanti la divinità sono stati trovati in molte tombe antiche. Gli egiziani mummificavano sia i coccodrilli neonati sia quelli maturi e addirittura interravano uova e feti di coccodrillo con il defunto, al fine di ottenere la protezione del dio nell'aldilà. Sobek era conosciuto come *"Signore di Faiyum"* e si pensa che il suo culto abbia avuto origine proprio in quella zona. In particolare, era molto popolare nella città di Arsinoe (conosciuta come Shedyet dagli egiziani) vicino al Faiyum, inducendo successivamente i greci a ribattezzarla "Crocodilopolis".

I MITI E LE LEGGENDE

MITI E LEGGENDE

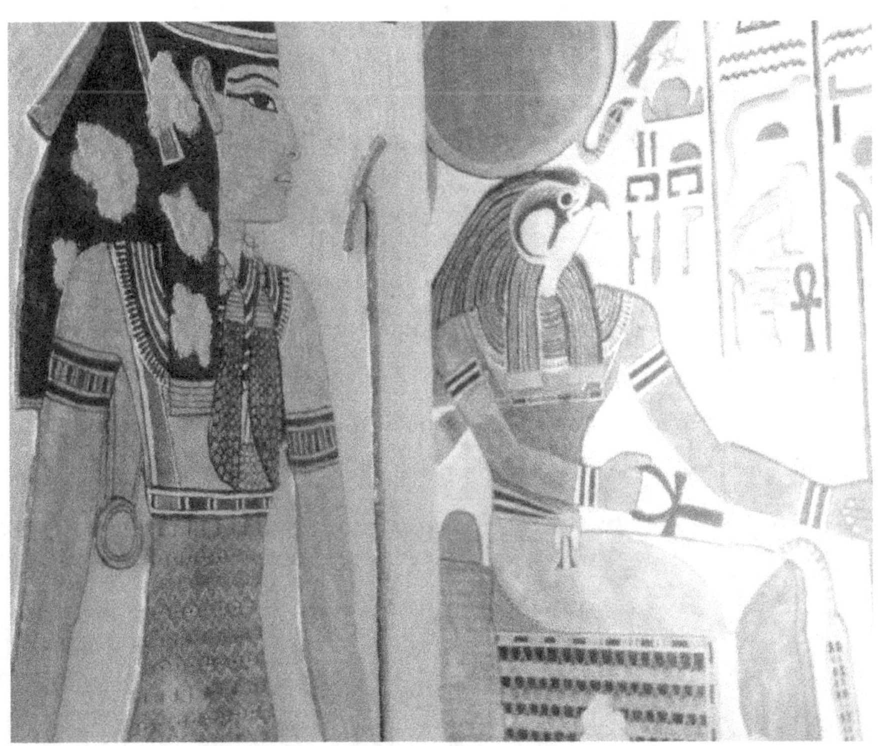

La mitologia egizia è stata la struttura di credenze e racconti popolari, oltre che la trama sottostante dell'antica cultura egizia dal 4000 a.C. circa, come evidenziato dalle pratiche di sepoltura e dalle pitture tombali, fino al 30 a.C. con la morte di Cleopatra VII. Ogni aspetto della vita nell'antico Egitto era influenzato dalle storie che riguardavano la creazione del mondo e il suo sostegno da parte degli dèi. Nel corso del tempo, la religione egizia condizionò popoli e culture circostanti, principalmente attraverso una fitta rete commerciale, e divenne particolarmente diffusa dopo l'apertura della Via della Seta nel 130 a.C., quando la città portuale di Alessandria d'Egitto divenne un importante centro commerciale.

L'importanza della mitologia egizia per le altre culture fu nello sviluppo del concetto di vita eterna dopo la morte, delle divinità benevole e della reincarnazione. Sia Pitagora sia Platone in Grecia si dice siano stati influenzati dalle credenze egizie sulla reincarnazione e la cultura religiosa romana prese in prestito tanto dall'Egitto quanto da altre civiltà. L'esistenza umana era intesa dagli egizi come solo una breve parentesi di un viaggio eterno, presieduto e orchestrato da forze soprannaturali sotto forma delle molteplici divinità comprese nel pantheon egizio.

Secondo lo storico Bunson, il dio Heh, chiamato Huh in alcune epoche, era uno degli dèi originali dell'Ogdoad [le otto divinità adorate durante l'Antico Regno, 2575-2134 a.C.] a Hermopolis e rappresentava l'eternità: meta e destino di tutta la vita umana nelle credenze religiose egiziane, uno stadio dell'esistenza in cui i mortali potevano raggiungere la beatitudine eterna. Tuttavia, la vita terrena non era semplicemente un prologo a qualcosa di più grande, ma una parte dell'intero viaggio. Il concetto egizio di vita ultraterrena era un mondo-specchio della propria vita sulla terra, in particolare della propria vita in Egitto, ed era necessario viverla in modo onesto e degno se si voleva perseguire il proprio viaggio eterno.

Il Mito di Osiride

Dopo la creazione del mondo, i primi cinque dèi nacquero dall'unione di Geb (terra) e Nut (cielo) e questi erano Osiride, Iside, Set, Nefti e Horus. Osiride, in quanto primogenito, assunse il dominio come sovrano della terra, con Iside come sua regina e consorte. Una volta salito al trono, Osiride trovò il popolo d'Egitto immerso nel caos e privo di norme sociali, per cui il dio diede loro le leggi, la cultura, l'istruzione e l'agricoltura. Sotto il dominio di Osiride, l'Egitto divenne presto un vero e proprio paradiso in terra, dove regnava l'equità e vi era cibo in abbondanza grazie ai raccolti sempre prosperi e rigogliosi.

Seth, geloso del successo di suo fratello, iniziò a covare dentro sé un crudele risentimento. Il rapporto tra i due si deteriorò ulteriormente dopo che Nefti, la moglie di Seth, segretamente innamorata di Osiride, si travestì da Iside e lo sedusse, rimanendo incinta e dando poi alla luce il dio Anubi. Questa fu la goccia che fece traboccare il vaso e così Seth iniziò a pianificare la sua vendetta.

Il dio, colmo di astio, fece costruire una

bellissima bara su misura di Osiride e diede una grande festa in cui presentò la sua opera. Agli ospiti disse che chiunque fosse stato in grado di entrarci perfettamente l'avrebbe potuta avere in regalo. Diverse persone tentarono l'impresa ma, chi troppo grande, chi troppo piccolo, nessuno sembrava calzare perfettamente nello splendido oggetto. Tuttavia, quando Osiride si sdraiò nella bara trovò sorprendente che sembrasse essere stata costruita proprio per lui. Non fece in tempo ad uscire e reclamare il suo premio che Seth chiuse il coperchio e sigillò la chiusura. Soddisfatto di aver ottenuto ciò che desiderava, il dio prese la bara contenente il povero fratello e la gettò nel Nilo, dove fu portata via dalla corrente.

Osiride viaggiò così verso il mare dove il peso del sarcofago l'avrebbe fatto presto annegare, portando così a compimento la vendetta del crudele Seth. La fine di Osiride sembrava imminente quando, improvvisamente, la bara si incastrò in un grande albero di tamerici vicino a Byblos in Fenicia. L'albero crebbe rapidamente intorno alla bara fino a racchiuderla completamente tra i suoi rami. Il re di Byblos, Malcandro, giunse sulla riva del Nilo con sua moglie Astarte e rimase stupefatto dal possente albero e dal dolce profumo che sembrava emanare. Desideroso di ricavarne del pregiato legno per adornare il suo palazzo, il re ordinò che l'albero fosse tagliato e portato a corte, per farne una splendida colonna. E così, Osiride rimase intrappolato nella bara all'interno del pilastro, fino alla sua morte.

Iside nel frattempo aveva lasciato l'Egitto, travestita da donna anziana, alla ricerca di suo marito. Giunta a Byblos, in prossimità della foce del Nilo, la dea si sedette sulla riva del fiume e pianse per il marito scomparso. La fortuna giunse finalmente in soccorso della povera dea, quando incontrò delle ancelle reali che la invitarono a palazzo per fare da balia ai loro giovani figli.

Iside tentò di rendere immortale il più giovane di loro bagnandolo nel fuoco e, quando la regina Astarte lo scoprì, ne fu inorridita. Circondata dalle guardie, Iside rivelò la sua identità, terrorizzando così il re e la regina che le promisero tutto ciò che voleva pur di essere risparmiati. A quel punto, Iside chiese quella splendida colonna che sapeva nascondere il suo amato. Inutile dirlo, le fu rapidamente concessa.

Dopo aver lasciato la corte di Byblos, Iside tirò fuori Osiride dall'albero e portò il suo corpo in Egitto dove lo nascose nella regione paludosa del delta del Nilo, lontano dal controllo di Seth. La dea si mise dunque alla ricerca di erbe per riportarlo in vita, lasciando sua sorella Nefti a custodire il corpo. Mentre lei era via, Seth seppe del ritorno di suo fratello, tramite dei cacciatori che si imbatterono nella salma durante una battuta di caccia, e andò a cercare il suo corpo. Riuscì a farsi dire da Nefti dov'era nascosto e lo fece a pezzi, spargendone le varie parti nelle circostanze.

Quando Iside tornò, rimase inorridita dalla turpe visione del corpo di Osiride ridotto a brandelli. Tuttavia, riuscì a ricomporsi rapidamente e si mise alla ricerca di tutti i pezzi del marito assassinato. Con l'aiuto di Nefti, recuperò tutte le parti del corpo tranne il pene, che era stato gettato nel Nilo e mangiato dal pesce ossirinco, motivo per cui nell'antico Egitto era proibito cibarsi della sua carne.

Iside fu in grado di rianimare Osiride e, una volta resuscitato il suo amato, assunse la forma di un'aquila e iniziò a volargli intorno, riuscendo così a trarre il seme dal suo corpo e rimanere incinta di un figlio, Horus. Nonostante fosse stato riportato in vita, il corpo di Osiride era estremamente tumefatto e in quelle condizioni non sarebbe stato in grado di governare la terra dei vivi. Così, si ritirò nell'aldilà, dove divenne Signore e Giudice dei Morti.

Iside, temendo ciò che Seth avrebbe potuto fare a suo figlio, decise di nascondere Horus tra le paludi d'Egitto, finché non sarebbe diventato adulto. Una volta cresciuto, Horus emerse come un potente guerriero e combatté contro Seth per il dominio del regno. In alcune versioni della storia Seth viene ucciso, ma nella maggior parte dei racconti viene sconfitto e cacciato dalla terra. Il caos in cui Seth aveva gettato l'impero fu interrotto da Horus, che riportò l'ordine e governò insieme sua madre.

Il mito di Osiride che abbiamo appena visto incarnava alcuni dei valori più importanti della cultura egizia: armonia, ordine, vita eterna e gratitudine. Il risentimento di Seth nei confronti del fratello, anche prima della relazione con Nefti, nasceva dalla mancanza di gratitudine e dall'invidia per la fortuna altrui. In Egitto, l'ingratitudine era una sorta di "peccato d'ingresso" che avrebbe condotto l'individuo verso peccati più gravi. La storia illustrava drammaticamente come anche un dio potesse cadere preda dell'ingratitudine e le conseguenze che ne potevano derivare. Altrettanto importante, il mito narrava della vittoria dell'ordine sul caos e l'instaurazione dell'armonia sulla terra; un valore centrale della cultura e della religione egizia.

La rinascita di Osiride era associata al fiume Nilo, che era considerato un simbolo del suo potere vitale. Le feste dedicate a Osiride si tenevano per celebrare la bellezza del dio e il suo potere trascendente, ma anche la sua morte e rinascita. La festa della Caduta del Nilo commemorava la sua morte, mentre la festa del Pilastro Djed celebrava la resurrezione di Osiride. La storica Margaret Bunson scrive:

Quando la piena del Nilo si ritirava, gli egizi si recavano sulla riva per elargire doni e per rinnovare il loro cordoglio per la morte di Osiride. Il Nilo rappresentava la capacità di Osiride di rinnovare la terra e di ridare vita alla nazione. Quando il Nilo ricominciava la sua ascesa verso lo stadio della piena, Osiride veniva nuovamente onorato.

La città di Abydos rappresentava il più importante centro di culto di Osiride e la sua necropoli divenne il luogo di sepoltura più ambito. Coloro che vivevano troppo lontano o che non avevano le risorse per garantirsi una tale sepoltura, vi facevano erigere una stele con il loro nome. Osiride era venerato soprattutto come giudice dei morti, ma è importante ricordare che, per gli antichi egizi, i "morti" continuavano la loro vita in un altro regno ed il momento del trapasso non era altro che l'inizio di un nuovo stadio dell'esistenza.

Le feste, quindi, celebravano la vita - sia terrena che ultraterrena - e parte di queste celebrazioni consisteva nella creazione di un "Giardino di Osiride", un'aiuola modellata nella forma del dio e fertilizzata dal fango e dall'acqua del Nilo. I frutti che sarebbero poi cresciuti avrebbero simboleggiato Osiride risorto dalla morte, nonché la promessa della vita eterna per chi si fosse preso cura del giardino.

I sacerdoti di Osiride curavano il tempio e la statua a lui dedicati ad Abido, Busiris ed Eliopoli e, come era consuetudine del culto egizio, solo essi erano ammessi nel *sancta sanctorum*, zona centrale del tempio che custodiva la statua del dio. Il popolo egizio era invitato a visitare il complesso del tempio per fare offerte e porgere preghiere, chiedere consigli e consulenze mediche, ricevere aiuto dai sacerdoti sotto forma di beni materiali o doni finanziari; e offrire sacrifici al dio per chiedere un favore o per ringraziarlo di una richiesta concessa.

L'importanza di Maat

Anche se ci sono molte versioni diverse di questo mito, l'elemento comune è il concetto di armonia che viene interrotta e necessita di essere ripristinata. Il principio del Maat era al centro di tutta la mitologia egizia e ogni mito, in una forma o nell'altra, si basa su questo valore. La storica Jill Kamil scrive:

"La narrazione giocava un ruolo importante nella vita degli antichi egizi. Nei primi tempi, le gesta degli dèi e dei re veniva trasmessa solo oralmente e venne trascritta solo in una data successiva"

È interessante notare che, indipendentemente dall'epoca in cui i racconti vennero composti, il principio dell'equilibrio della dea Maat è al centro di tutti i racconti.

La sconfitta di Apep, creatura malvagia simile a un drago che si annidava all'orizzonte, faceva parte di una di queste narrazioni popolari. Ogni sera, al tramonto, la creatura cercava di ostacolare il passaggio del sole attraverso gli inferi. Un cielo sereno indicava un passaggio facile, mentre un tramonto rosso sangue mostrava una battaglia disperata tra le forze del bene e del male. In ogni caso, il sole ne usciva sempre vincitore e così sorgeva una nuova alba. Gli egizi raccontavano di come la vegetazione moriva (d'inverno) con il raccolto che germogliava (d'estate), così come il dio-sole moriva ogni sera e rinasceva il mattino seguente.

Si pensava che tutto nell'universo si mantenesse in un equilibrio costante e, poiché gli esseri umani erano parte di quell'universo, anch'essi partecipassero a questo equilibrio eterno. L'equilibrio di Maat era reso possibile dalla forza primordiale che esisteva prima della creazione e che rendeva possibile ogni aspetto della vita: la *heka*. Heka era il potere magico che permetteva agli dèi di svolgere i loro compiti ed era personificato nel dio Heka che permetteva anche il passaggio dell'anima dall'esistenza terrena a quella ultraterrena.

Quando l'anima lasciava il corpo alla morte, si pensava che questa apparisse nella Sala della Verità, al cospetto di Osiride per il giudizio. Il cuore del defunto veniva poi pesato su una bilancia d'oro insieme alla piuma di Maat. Se il cuore fosse stato più leggero della piuma, l'anima sarebbe stata autorizzata ad accedere al Campo delle Canne, luogo della purificazione e della beatitudine eterna. Se il cuore fosse stato più pesante, sarebbe stato lasciato cadere a terra per essere divorato dal mostro Ammut (l'ingoiatore) e l'anima avrebbe cessato di esistere.

Anche se nell'antico Egitto esisteva un concetto di inferi, non esisteva un "inferno" come inteso dalle moderne religioni monoteiste. Come scrive Bunson:

"Gli Egizi temevano l'oscurità eterna e la perenne incoscienza perché entrambe le condizioni impedivano la libertà provata nella vita terrena".

L'esistenza, poiché parte del viaggio universale iniziato con Atum, era lo stato naturale di un'anima e il pensiero di essere eternamente separato da quel viaggio, di non esistere, era per un antico egizio quanto di più terrificante potesse mai essere qualsiasi mondo sotterraneo di tormento; d'altronde, anche in una terra di eterno dolore si sarebbe comunque esisti.

Tuttavia, un concetto di mondo sotterraneo simile all'inferno cristiano si sviluppò in Egitto, ma non venne universalmente accettato. Bunson scrive:

"L'eternità era la destinazione comune di ogni uomo, donna e bam-

bino in Egitto. Tale credenza infondeva la visione del popolo... e conferiva loro una gioia per la vita che non aveva eguali nel mondo antico".

La mitologia degli antichi egizi rifletteva questa gioia di vivere, ispirando i grandi templi e monumenti che oggi sono parte dell'eredità egizia. La perdurante ammirazione per la mitologia egizia e la ricchezza culturale che ha infuso nelle altre civiltà è una testimonianza della forza significativa data alla vita in questi antichi racconti.

Il Mito di Anubi

A bbiamo già visto come l'origine di Anubi e del suo ruolo come dio dei morti fosse direttamente legato alla sua rappresentazione di sciacallo. Con la figura della divinità, gli egizi potrebbero aver reso sacro il comportamento dello sciacallo per farlo sembrare benevolo. In alternativa, il culto di Anubi potrebbe essersi sviluppato come mezzo per esercitare un controllo soprannaturale sugli animali: se Anubi fosse stato venerato correttamente, gli sciacalli non avrebbero potuto disturbare i morti venerati.

All'inizio della storia egizia, Anubi era adorato come un dio dei morti. Dopo che Osiride salì alla ribalta, il ruolo della divinità dalla testa di sciacallo cambiò e divenne così un dio dell'imbalsamazione, oltre che responsabile di scortare i morti nel loro viaggio nell'oltretomba. Nell'era successiva al Periodo Tardo (664-30 a.C), Anubi fu invece associato ai negromanti: gli incantesimi demotici, una lingua scritta alternativa ai geroglifici, invocavano Anubi che avrebbe poi agito come intermediario, andando a prendere gli spiriti o gli dei dagli inferi.

La versione più famosa dell'origine di Anubi ci è giunta dallo storico greco Plutarco (46-120 d.C.). Dopo l'assassinio di Osiride per mano di suo fratello Set, Iside partì alla ricerca del suo corpo. Durante questa ricerca apprese che sua sorella Nefti aveva avuto un figlio da Osiride. Temendo che suo marito, Set, scoprisse la sua infedeltà, Nefti abbandonò il neonato. Iside, nota per la sua benevolenza materna, trovò il bambino e lo adottò. Decise di chiamarlo Anubi, il quale da quel momento in poi servì come suo fedele protettore.

Come abbiamo visto nel mito dedicato, il corpo di Osiride finì per essere distrutto dalla furia di Set. Che sia stato fatto a pezzi,come suggeriscono Plutarco e altri storici greci, o semplicemente sottoposto a decomposizione naturale è irrilevante. Ciò che invece è significativo è che dopo la ricomposizione della salma, il corpo di Osiride venne imbalsamato. La pratica culturale della mummificazione deriva proprio da questa prima imbalsamazione che aveva lo scopo di emulare il viaggio di Osiride nell'aldilà. Dopo che Iside ebbe recuperato il corpo del marito, il dio del sole Ra chiese ad Anubi di assisterla nel processo di imbalsamazione. Con l'aiuto di Thot, il dio-sciacallo avvolse dunque il corpo di Osiride in un panno e completò quello che sarebbe divenuto noto come il rito dell'Apertura della Bocca. Questo rito aveva lo scopo di fare sì che i sensi della persona mummificata continuassero a funzionare nell'aldilà.

Sebbene il crudele Set fosse riuscito a uccidere Osiride, per sconfiggerlo definitivamente aveva ancora bisogno di distruggere il suo corpo. Così, una volta che la salma venne ricomposta da Iside, Set escogitò un piano per rubarla e completarne la distruzione. Durante il processo di imbalsamazione, il corpo di Osiride veniva custodito nel wabet, letteralmente "luogo di imbalsamazione". Notando che Anubi lasciava il wabet ogni notte, Set ebbe un'idea. Trasformandosi nella divinità-sciacallo, il dio fratricida passò davanti alle guardie ignare e rubò il corpo di Osiride. Tuttavia, Set non riuscì ad andare lontano, prima che Anubi scoprisse il furto e si mettesse all'inseguimento. Nel tentativo di allontanare il suo inseguitore, Set si trasformò in un toro. Tuttavia, il dio-sciacallo non si fece intimidire e dopo aver catturato Set, lo castrò e lo imprigionò a Saka.

Set non si fece scoraggiare e perseguì la sua missione. Questa volta, il crudele dio tentò di rubare il corpo del fratello sotto forma di un grande gatto. Il piano fallì e Anubi lo catturò ancora una volta, marchiandolo con ferri roventi per punirlo. Questo mito spiega così il motivo per cui i leopardi erano maculati.

Ostinato nel portare a termine la sua missione, Set continuò a cercare di rubare il corpo di Osiride. Di nuovo si trasformò in Anubi e di nuovo fu catturato. Il successivo tentativo di Set sarebbe stato l'ultimo: dopo aver catturato Set ancora una volta, Anubi lo uccise, scuoiandolo e dando fuoco al suo corpo. Dopo aver indossato la pelle scorticata, Anubi si intrufolò nell'accampamento di Set e decapitò il suo intero esercito con un solo colpo di spada. L'esercito di Set fu dunque ucciso, nello stesso luogo in cui un minerale rossastro fa sembrare la terra macchiata di sangue.

Il Racconto dei Due Fratelli

Questo mito è un po' diverso dal solito perché si inserisce al di fuori del canone mitologico Osiride-centrico. Invece del classico gruppo di divinità egizie, questo mito vede l'antico dio Bata come il solo protagonista insieme ad Anubi. Bata, fratello minore di Anubi, lavorava nella fattoria del fratello. Un giorno, mentre faceva dei lavori nella masseria, Bata si imbatté nella moglie di Anubi. La donna fu molto colpita dall'aspetto di Bata, così lo invitò a dormire con lei. Sconvolto da questo invito, Bata le disse *"sei stata per me come una madre e quello che dici è un abominio!"*. Egli, dunque, promise che non avrebbe raccontato a nessuno dell'incidente, a patto che lei avesse fatto lo stesso. La moglie di Anubi, tuttavia, aveva altri piani. Quando il marito tornò a casa, finse che Bata l'avesse picchiata, dicendo che lui le aveva fatto una proposta sconcia per poi colpirla al suo rifiuto.

Infuriato, Anubi tentò di uccidere suo fratello. Per quanto ci provasse, però, non riuscì a fare del male a Bata; l'intervento divino impedì ad Anubi di vendicarsi. Il giorno dopo, Bata raccontò ad Anubi la sua versione dei fatti. Poi dimostrò la sua convinzione tagliandosi il pene e gettandolo nel fiume, dove fu mangiato dai pesci. Fatto questo, Bata disse ad Anubi che sarebbe partito per la Valle dei Cedri, dicendo:

"Lì tirerò fuori il mio cuore e lo metterò in alto su un cedro in fiore. Se l'albero sarà abbattuto, io morirò, ma se tu passerai sette anni a cercare l'albero e lo troverai, metti il mio cuore come un seme nell'acqua ed io vivrò di nuovo. Saprai di essere necessario quando troverai la tua pentola di birra in schiuma".

Bata arrivò così nella Valle dei Cedri dove visse per qualche tempo nella completa solitudine. Comprendendo il suo malessere, Ra fece creare al dio Khnum una moglie per Bata sul suo tornio da vasaio. La coppia divina visse felice per molti anni, ma questo periodo di pace non sarebbe durato a lungo: la dea Hathor giunse da Bata e lo avvertì che sua moglie sarebbe stata destinata ad avere una fine infelice. Il dio amava molto sua moglie e così le raccontò quanto profetizzato da Hathor, dicendole di fare molta attenzione. Le parlò anche del suo cuore in cima al cedro e di come lui sarebbe inevitabilmente morto, se l'albero fosse stato abbattuto. Un giorno, mentre la moglie di Bata camminava sulla spiaggia, il mare cercò di catturarla. Spaventata da quello che sembrava essere il triste epilogo predetto, la donna cercò di dileguarsi dalle acque con tutte le sue forze. Dopo innumerevoli tentativi riuscì a fuggire, ma il mare le strappò via una ciocca di capelli. Trasportato dalle onde, il ciuffo giunse nelle mani del re d'Egitto che rimase estasiato dalla fragranza deliziosa. I suoi consiglieri stabilirono che i capelli provenivano dalla figlia di Ra, così il sovrano decise di inviare una squadra di ricerca per scoprire dove si trovasse.

Quando il re la trovò, intimorita dall'esercito, la moglie di Bata gli rivelò il segreto del cuore di suo marito, spiegando che sarebbe morto se l'albero fosse stato abbattuto. La rivelazione di un segreto così importante rappresentava per la donna un'ancora di salvezza di fronte quella che aveva tutta l'aria di essere un'aggressione. Volendola per sé, il re fece abbattere l'albero di Bata, gettando la divinità in uno stato di morte apparente. Nello stesso istante, Anubi notò che la sua pentola di birra stava schiumando e capì che era giunto il momento di cercare suo fratello.

Dopo aver recuperato la salma di Bata, Anubi cadde in uno stato di profonda tristezza, poiché non riusciva a trovare il cuore del fratello. Così, prima di tornare a casa, Anubi decise di prendere una bacca di cedro come ricordo del suo tentativo di soccorso. A sua insaputa, quella bacca era in realtà il cuore di Bata.

Quando Anubi tornò a casa, mise la bacca di cedro in una tazza d'acqua. Inaspettatamente, la bacca non germogliò come un normale seme, ma rianimò il corpo del fratello. Una volta rinsavito, Bata bevve l'acqua contenente il suo cuore per riprendersi completamente. Nel frattempo, l'ex-moglie di Bata aveva sposato il re. Con un piano elaborato, Bata si trasformò in un toro che Anubi presentò come dono al re d'Egitto. Attraverso una serie di trasformazioni, Bata divenne una scintilla che la regina, sua ex-compagna, fece nascere in un bambino. Così, quando il re morì, il principe (Bata) prese il potere. Salito sul trono, Bata testimoniò contro sua madre ed ex-compagna, che fu disonorata. Successivamente, il nuovo sovrano nominò Anubi come suo principe ereditario. Quando Bata morì molti anni dopo, Anubi gli succedette come re.

Le Leggende della Dea Hathor

Hathor era una delle divinità più antiche del pantheon egizio. Analizzando gli esordi del suo culto, alcuni studiosi suggeriscono che abbia avuto origine nel periodo predinastico, oltre 5000 anni fa. Tuttavia, le prove della sua esistenza prima della III dinastia (2660 a.C. circa) sono scarse e gli studiosi moderni si sono discostati dalla teoria riguardo le sue origini predinastiche. Nonostante le circostanze poco chiare, il culto di Hathor raggiunse il culmine durante la IV dinastia e consolidò la sua influenza sulla teocrazia egizia nella V dinastia. Per oltre 500 anni, Hathor occupò così una posizione di rilevanza cosmologica nel culto egizio.

Ma quale fu il corso degli eventi che portò tra le divinità una ricalibrazione gerarchica?

Tutto iniziò con la caduta dell'ottava dinastia che portò al Primo Periodo Intermedio (2190-2066 a.C.), un periodo in cui l'Egitto non aveva una forte leadership centrale. Quando Mentuhotep II salì al potere nel 2061 a.C., riconobbe che per unificare il regno d'Egitto sarebbe servita sia la propaganda che la forza militare. Tuttavia, il sovrano non era imparentato con la famiglia Memphite che aveva governato per 900 anni, rendendo la sua pretesa al trono molto debole. La soluzione ideata da Mentuhotep fu semplice ed elegante: sostenere di discendere da Hathor. Si diceva che i Memphiti fossero discendenti di Ra e Horus e sebbene Hathor fosse una divinità dominante nel pantheon egizio, la sua rilevanza era abbastanza marginale da permettere a Mentuhotep di rivendicarne la discendenza senza contestazioni. La tattica del sovrano si rivelò vincente e grazie ad essa riuscì a riunificare l'Egitto. La dea Hathor condivise il suo successo, diventando una delle dee più importanti dell'epoca. Anche se col tempo avrebbe ceduto molti dei suoi ruoli a Iside, la dea rimase una figura divina molto popolare nel mito egizio. Nei prossimi paragrafi analizzeremo alcuni dei miti più interessanti che vedono Hathor protagonista.

La Mano Primordiale

El mito egipcio de la creación se centraba en un dios creador (normalmente Ra, pero también Ptah, Atum o Amón, según la versión) que concibió el mundo y las primeras deidades a través de su semilla. En el culto a Hathor, se creía que la deidad era tanto la mano que despertó al creador como la fuerza vital de su semilla. Los textos encontrados en algunos ataúdes aludían al papel de Hathor en la formación del universo, declarándola *"la Primigenia, la Señora de Todo"*. Aunque existían diferentes versiones del mito de la creación, otras narraciones mitológicas eran únicas y recurrentes, como en el caso de la pacificación de las deidades femeninas.

El siguiente mito comenzó con la humanidad burlándose de Ra en su vejez. Harto ya de los insultos, el dios decidió enviar a su hija Hathor para castigar a los humanos por su insolencia y, en forma de leona, masacró a todos los que se atrevieron a ridiculizar a su padre. Cuando el dios creador decidió que los humanos ya habían sido castigados lo suficiente y que sería mejor volver a llamar a Hathor, ya era demasiado tarde. Para entonces, la deidad se había encaprichado de su matanza y se negaba a detenerse. A pesar de toda su fuerza, Ra no pudo hacer nada para detener el desenfreno asesino de la bestia divina.

Sin embargo, el dios ideó un plan: ordenó que se elaboraran 7000 barriles de cerveza y se mezclaran con el fruto carmesí de la mandrágora. Los barriles se distribuyeron por todo el territorio egipcio en una sola noche. Así, cuando Hathor llegó para saciar su sed de sangre, encontró los barriles de cerveza esperándola. Intrigada por el inusual color rojo, la diosa decidió probar el extraño brebaje y, encontrándolo delicioso, siguió bebiendo hasta caer en un profundo sueño. Cuando despertó, su ira había pasado y Ra pudo convencerla de que regresara a casa. Este mito puede haber servido de justificación para el abundante consumo de alcohol durante la fiesta anual de Hathor.

Otro mito digno de mención implica a Hathor en un aspecto nada feroz. Durante el juicio de Horus y Seth, un acontecimiento que debía determinar el soberano legítimo de Egipto, se produjo un animado debate. El juicio estaba presidido por Ra, que debía regular los procedimientos y determinar el vencedor.

Sin embargo, en medio del debate, el dios Babi insultó a Ra diciéndole *"¡tu santuario está vacío!"*. Éste se sintió tan ofendido que abandonó sus funciones, dejando el juicio sin juez. Decidida a dejar ganar a Horus, Hathor siguió a su padre hasta su tienda e inesperadamente comenzó a bailar, mostrando sus genitales. La grotesca pero hilarante exhibición de la diosa provocó la carcajada de Ra. Restablecido su buen humor, el dios-creador volvió al juicio, concluyéndolo según lo previsto.

RIPRISTINARE LA VISTA DI HORUS

Hathor assistette Horus anche in altre occasioni. Dopo una battaglia particolarmente brutale con Set, Horus si trovò completamente indifeso e, cogliendo l'occasione, lo spietato Set picchiò l'inerme Horus prima di strappargli gli occhi e seppellirli nella terra. Horus giacque in solitudine sul fianco di una montagna, finché Hathor non lo trovò che piangeva per il dolore. Mossa da pietà per lui, la dea catturò una gazzella selvatica e versò il suo latte nelle orbite vuote di Horus, restituendogli miracolosamente la vista.

L'ORIGINE DELLE BACCHE DI GINEPRO

L'antico Egitto era diviso in regioni chiamate nomi, e ogni regione aveva un dio o una coppia di dei associati. Alcune di queste regioni erano punti caldi per la narrativa mitologica e, attraverso le caratteristiche geografiche e un po' di fantasia, i vari nomi concorrevano nel rappresentare un significato religioso. Hathor aveva un'intima connessione con la regione di Gehesty. Durante il regno di Set, si appostava su una montagna a nord e predava i suoi seguaci. Come un grande serpente, uccideva ogni sostenitore di Set che osava avvicinarsi alla montagna. Quando il loro sangue cadeva a terra, le gocce si trasformavano in bacche di ginepro. Infine, la leggenda sostiene che Hathor - così come Shu, Osiride e Horus – fu poi sepolta a Gehesty.

IL CATERING DELL'ALDILÀ

All'inizio Hathor svolgeva un ruolo marginale nell'oltretomba egizio, limitandosi a controllare le prove delle anime defunte. Con il tempo, però, la sua funzione si ampliò fino a fornire nutrimento alle anime. Seduta sotto il suo sicomoro sacro, serviva cibo e latte dalle sue sette mucche, note anche come le Sette Hathor. Le Sette Hathor svolgevano il loro ruolo nell'aldilà, determinando la durata della vita di una persona e la causa della sua morte. Solo perché i morti potevano aspettarsi che le Hathor fornissero loro il cibo, questo non significava che fossero liberi di vivere del lavoro altrui Nell'incantesimo 189 del Libro dei Morti, il demone esprimeva al defunto: *"chi vive con i beni di qualcun altro ogni giorno non merita di esistere"*. La risposta del defunto fu che, come intendeva cenare sotto il sicomoro di Hathor, allo stesso modo si sarebbe dedicato ad arare poi il campo di canne. Anche nella morte, gli Egizi non apprezzavano gli scrocconi.

LA FESTA DEL MATRIMONIO SACRO

La Festa del Matrimonio Sacro era un rituale risalente al periodo tolemaico. In questa cerimonia Hathor e Horus di Edfu venivano visti come marito e moglie. Per celebrare il sacro legame, l'idolo di Hathor veniva portato dal suo tempio a Dendera fino al tempio di Horus a Edfu. Quando Hathor arrivava al tempio di Horus, si dava una grande festa in onore della coppia divina. Il giorno seguente (l'anniversario della vittoria di Horus su Set), la coppia lasciava il tempio di Horus per risalire il fiume. Lungo il loro viaggio, la coppia celebrava figurativamente rituali come l'Apertura della Bocca e la Festa di Behdet. I festeggiamenti continuavano fino a quando Horus e Hathor celebravano il loro matrimonio con una notte di bevute e baldoria aperta a tutti. Quando il festival finiva, gli idoli della coppia venivano riportati nei rispettivi templi fino all'anno successivo.

Il Libro di Thot

Nell'Egitto del primo millennio a.C., esisteva un principe la cui sete di conoscenza era nota a tutti. Si trattava del nobile Nefer-ka-path che, sebbene fosse il figlio del re, non si preoccupava di nulla se non di leggere gli antichi documenti, scritti sui papiri della Casa della Vita o incisi su pietra nei templi; tutto il giorno e tutti i giorni non faceva altro che consultare gli scritti degli antenati.

Un giorno entrò nel tempio per pregare gli dèi, ma quando vide le iscrizioni sui muri si immerse nella consultazione; dimenticò di pregare, dimenticò gli dei, dimenticò i sacerdoti, dimenticò tutto ciò che lo circondava finché non sentì delle risate alle sue spalle. Si guardò intorno e vide un sacerdote dal cui ventre proveniva una sonora risata.

"Perché ridi di me?" chiese Nefer-ka-ptah, con aria stizzita.

"Perché leggi questi scritti senza valore", rispose il sacerdote. *"Se desideri consultare delle iscrizioni che davvero valgono la pena di essere lette, posso dirti dove si nasconde il Libro di Thot"*.

Il principe Nefer-ka-ptah, ormai troppo curioso per desistere, chiese al vecchio sacerdote maggiori informazioni a riguardo. La risposta fu: *"Tanto tempo fa, il divino Thot scrisse un libro con la sua stessa mano e in esso è racchiusa tutta la magia del mondo. Se leggerai la prima pagina, incanterai il cielo, la terra, l'abisso, le montagne e il mare; comprenderai il linguaggio degli uccelli che si librano in aria, saprai cosa dicono gli animali striscianti della terra e potrai osservare i pesci dalle profondità più oscure del mare. E se andassi oltre, leggendo la seconda pagina, avrai la possibilità di tornare in vita nella forma che avevi una volta morto. Inoltre, vedrai il sole brillare nel cielo con la luna piena e le stelle, assistendo alle grandi forme degli dèi".*

Allora Nefer-ka-ptah disse: *"Per la vita del faraone, quel libro sarà mio! Dimmi dove posso trovarlo e farò di tutto per ottenerlo! Allora dov'è?"*

"Provvedi al mio funerale e te lo dirò", rispose il sacerdote con aria austera. *"Fa' che io sia sepolto come un uomo ricco, con una corte di sacerdoti e donne in lutto, offerte, canti e incensi. Allora la mia anima riposerà in pace nei campi di Aalu. Dovrai spendere almeno cento pezzi d'argento per la mia cerimonia d'addio".*

Sentite quelle parole, Nefer-ka-ptah mandò una guardia reale a recuperare il denaro necessario e ripose cento pezzi d'argento nelle mani del sacerdote. A quel punto il sacerdote parlò e disse: *"Il Libro è a Koptos in mezzo al fiume...*

In mezzo al fiume c'è una scatola di ferro,

Nella scatola di ferro c'è una scatola di bronzo,

Nella scatola di bronzo c'è una scatola di legno,

Nella scatola di legno c'è una scatola di avorio ed ebano,

Nella scatola d'avorio ed ebano c'è una scatola d'argento,

Nella scatola d'argento c'è una scatola d'oro,

E nella scatola d'oro troverai il Libro di Thot;

Intorno alla grande scatola di ferro ci sono serpenti, scorpioni e ogni sorta di pericolosa creatura. Ma soprattutto, c'è un serpente che nessun uomo riesce a uccidere. Questi demoni in terra sono posti a guardia del Libro di Thot".

Non appena il sacerdote finì di parlare Nefer-ka-ptah corse fuori dal tempio, la sua gioia era così grande che non sapeva da dove iniziare. Corse velocemente da sua moglie Ahura per dirle del Libro di Thot e che sarebbe voluto andare a Koptos per recuperarlo. Tuttavia, Ahura era molto addolorata e disse: *"Non intraprendere questo viaggio, perché guai e dolori ti aspettano nella terra del sud".*

Ella pose la mano su Nefer-ka-ptah come se volesse trattenerlo dal dolore che lo attendeva. Ma lui non volle sentire ragioni, salutò la moglie e andò da suo padre, il re. Una volta arrivato nella sala del trono, raccontò a suo padre tutto ciò che aveva sentito dal sacerdote e disse: *"Dammi il carro reale, o padre mio, affinché io possa andare nella terra del sud con mia moglie Ahura e mio figlio Merab".*

Così il re diede ordine di preparare la chiatta reale e con essa Nefer-ka-ptah, Ahura e Merab risalirono il fiume verso la terra del sud fino a Koptos. Quando arrivarono nella città, il sommo sacerdote e tutti i sacerdoti di Iside di Koptos scesero sul fiume per accogliere il principe, sacrificarono un bue e un'oca e si dedicarono a vivaci festeggiamenti. Dopo aver terminato i primi rituali, i sacerdoti di Iside e le loro mogli indissero una grande festa per quattro giorni in onore del principe Nefer-ka-ptah e sua moglie Ahura.

La mattina del quinto giorno, il principe chiamò a sé un sacerdote di Iside, un grande mago esperto di tutti i misteri degli dèi. Insieme i due costruirono una piccola scatola magica, generarono degli uomini in miniatura e una grande riserva di attrezzi. Terminate quest'ultime creazioni, misero gli uomini e l'attrezzatura nella scatola magica. Poi pronunciarono un incantesimo e gli uomini presero vita iniziando a usare l'attrezzatura. A questo punto il principe era pronto ad affrontare la sua missione.

Così, Nefer-ka-ptah immerse la scatola magica nel fiume, dicendo: *"Lavoratori, lavoratori! Lavorate per me!",* prese della sabbia e salpò da solo, mentre Ahura sedeva sulla riva del fiume. Alla povera moglie non era rimasto altro che aspettarsi il peggio, la donna sapeva che da quel viaggio nella terra del sud sarebbe arrivato solo dolore.

Gli uomini nella scatola magica lavorarono tutta la notte e tutto il giorno per tre giorni e tre notti sul fondo del fiume e quando si fermarono, anche la chiatta reale si fermò. A quel punto, Nefer-Ka-Ptah sapeva di essere arrivato dove il Libro di Thot era nascosto.

Dunque, prese la sabbia dalla chiatta reale e la gettò nell'acqua creando un varco, nel mezzo del quale si trovava la scatola di ferro. Accanto ad essa vi era il grande serpente che nessun uomo sarebbe stato capace di uccidere e intorno al misterioso oggetto brulicavano serpenti, ragni, scorpioni e ogni sorta di creatura strisciante.

Allora Nefer-ka-ptah si alzò sulla chiatta reale e tuonò verso tutte le creature di fronte a lui; emise un grido forte e terribile, un grido colmo di magia. Non appena l'urlo terminò, improvvisamente tutte le creature si fermarono, incantate per mezzo delle parole del principe.

Nefer-ka-ptah portò la chiatta reale sull'orlo del varco, scese e camminò tra tutte quelle creature che aveva reso inermi grazie all'incantesimo. A questo punto, si trovava faccia a faccia con il serpente che nessun uomo era in grado di uccidere. La creatura si sollevò dalle sue spire, pronta alla battaglia.

Nefer-ka-ptah si precipitò su di essa e le tagliò la testa, ma subito dopo le due parti si riunirono. Il serpente era nuovamente pronto all'attacco. Di nuovo il principe si scagliò sulla creatura e la colpì così forte che la testa schizzò lontano dal corpo.

Anche questa volta però, la testa e il corpo si riunirono nuovamente e il temibile serpente era ancora una volta pronto a combattere. A questo punto, Nefer-ka-ptah capì che il serpente era immortale e che sarebbero serviti altri modi per sconfiggerlo. Ancora una volta si precipitò su di esso e lo tagliò in due, ma questa volta agì di furbizia: prima che le due parti potessero ricomporsi, il principe lanciò della sabbia sulla pelle viva, in modo che quando la testa e il corpo si riunirono non riuscirono a dare nuova vita alla creatura. Finalmente sconfitto, ora il serpente giaceva inerme davanti a lui.

Il tempo di riporre l'arma e Nefer-ka-ptah si avvicinò alla grande scatola che si trovava nella fessura in mezzo al fiume...

Aprì la scatola di ferro e trovò una scatola di bronzo,

Aprì la scatola di bronzo e trovò una scatola di legno,

Aprì la scatola di legno e trovò una scatola di avorio ed ebano,

Aprì la scatola d'avorio ed ebano e trovò una scatola d'argento,

Aprì la scatola d'argento e trovò una scatola d'oro,

Aprì la scatola d'oro e trovò il Libro di Thoth.

Aprì il Libro, lesse una pagina e subito incantò il cielo, la terra, l'abisso, le montagne, il mare e comprese il linguaggio degli uccelli, dei pesci e delle bestie. Lesse la seconda pagina e vide il sole che brillava nel cielo, con la luna piena e le stelle scintillanti, fino a scorgere le grandi forme degli stessi dei; la magia era così forte che i pesci venivano fuori dalle profondità più oscure del mare. Così, capì che ciò che il sacerdote gli aveva detto era vero.

Allora pensò a sua moglie Ahura che lo aspettava a Koptos e lanciò un incantesimo sugli uomini che aveva generato, dicendo: *"Lavoratori, lavoratori! Lavorate per me e riportatemi nel luogo da cui sono venuto!"* Lavorarono giorno e notte finché giunsero a Koptos, dove Ahura aspettava seduta in riva al fiume, senza aver mangiato e bevuto nulla da quando suo marito se ne era andato. Quando scorse la barca di Nefer-ka-ptah all'orizzonte, il suo cuore si rallegrò enormemente. Il principe andò da lei, le mise nelle mani il Libro di Thot e le ordinò di leggerlo. Così la moglie aprì il Libro, lesse una pagina e subito incantò il cielo, la terra, l'abisso, le montagne, il mare e comprese il linguaggio degli uccelli, dei pesci e delle bestie. Lesse la seconda pagina e vide il sole che brillava nel cielo, con la luna piena e le stelle scintillanti, fino a scorgere le grandi forme degli stessi dei; la magia era così forte che i pesci venivano fuori dalle profondità più oscure del mare.

Nefer-ka-ptah chiese dunque una tazza di birra e un pezzo di papiro nuovo, sul quale scrisse tutti gli incantesimi che erano nel Libro di Thot. Poi prese la tazza di birra e intinse il papiro in essa, così che tutto l'inchiostro venne lavato via. A quel punto, il principe bevve la birra e assorbì tutti gli incantesimi che aveva scritto precedentemente. La coppia si recò dunque al tempio di Iside e offrì sacrifici in onore della divinità per aver vegliato sulle gesta di Nefer-ka-ptah. Il giorno dopo, la nobile famiglia salì a bordo della chiatta reale e navigò allegramente lungo il fiume verso la terra del nord.

Tuttavia, Thot aveva nel frattempo scoperto la perdita del suo Libro, così andò su tutte le furie e raggiunse Ra per raccontargli l'accaduto: *"Nefer-ka-ptah ha trovato la mia scatola magica e ha rubato il mio Libro, ha neutralizzato tutte le guardie che lo circondavano mettendo fuori combattimento persino il serpente che nessun uomo poteva uccidere! Vendicami, oh Ra, su Nefer-ka-ptah, figlio del re d'Egitto".*

Il signore degli dèi, Ra, rispose e disse: *"Prendi lui, sua moglie e suo figlio e fai di loro quello che vuoi".* Il dolore che Ahura si aspettava stava per scagliarsi sulla sua famiglia.

Mentre la chiatta reale navigava dolcemente lungo il fiume, Merab, figlio del principe, uscì dall'ombra del tendone e si chinò sul bordo della barca per guardare il mare. Il potere di Ra lo attirò, così il bambino cadde nel fiume e annegò. Quando cadde, tutto l'equipaggio della barca reale e tutta la gente che navigava in prossimità della chiatta alzò un grande grido, ma nessuno riuscì a salvarlo. Così, Nefer-ka-ptah uscì dalla sua tenda e lesse un incantesimo. Il corpo del figlio emerse in superficie e fu portato a bordo dell'imbarcazione. A quel punto, lesse un altro incantesimo e il potere fu così grande che il bambino morto iniziò a parlare, raccontando al padre tutto quello che si erano detti gli dèi.

Appresa la macabra notizia, Nefer-ka-ptah diede l'ordine di tornare a Koptos, affinché Merab fosse sepolto con l'onore dovuto al figlio di un principe. Terminate le cerimonie funebri, l'imbarcazione tornò a navigare lungo il fiume verso la terra del nord. Non si trattava più di un viaggio gioioso, poichè la morte di Merab aveva lasciato una profonda tristezza nel cuore di tutti. Tra questi, quella che stava peggio era Ahura, scossa e terrorizzata per ciò che ancora sarebbe dovuto accadere. In fondo al suo animo, la donna sapeva che la vendetta di Thot non era ancora compiuta.

Quando raggiunsero il luogo dove Merab era caduto, Ahura uscì da sotto l'ombra della tenda chinandosi sul bordo della barca. La stessa sorte toccò anche alla povera donna: la potenza di Ra la attirò nell'acqua, così cadde e affogò. Anche in questo caso, Nefer-ka-ptah uscì dalla cabina e lesse un incantesimo, il corpo di Ahura emerse in superficie e fu portato a bordo dell'imbarcazione. Poi il principe lesse un altro incantesimo e il potere fu così grande che la moglie morta iniziò a parlare, raccontandogli nuovamente tutto quello che si erano detti gli dèi.

Nefer-ka-ptah diede l'ordine di tornare a Koptos, affinché Ahura potesse essere sepolta con l'onore dovuto alla moglie di un principe. Quando le cerimonie funebri cessarono, la chiatta reale riprese a navigare lungo il fiume verso la terra del nord.

Quando l'imbarcazione raggiunse il luogo maledetto dove Ahura e Merab avevano perso la vita, Nefer-ka-ptah sentì il potere di Ra che lo attirava. Sebbene lottasse con tutto sé stesso, sapeva che il richiamo di Ra l'avrebbe conquistato. Così, il principe prese un pezzo di lino reale, fine e forte, ne fece una cintura e con questa si legò saldamente al petto il Libro di Thot. Se il destino del principe fosse stato quello di perire nell'acqua, allora così sarebbe stato anche per il libro.

Il richiamo di Ra era ormai diventato troppo forte. Il potere divino attirò il principe, egli uscì da sotto l'ombra del tendone e si gettò nel fiume, annegando poco dopo. Quando Nefer-ka-ptah cadde, tutti i marinai della barca reale e la gente nei dintorni alzò un grande grido, ma nessuno riuscì a salvarlo. Quando poi cercarono il suo corpo, nessuno riuscì a trovarlo. L'imbarcazione proseguì la rotta fino a raggiungere la terra del nord.

Arrivati a Memphis, i capitani della barca reale andarono dal re e gli raccontarono tutto quello che era successo. Dopo aver udito il racconto, il re, insieme alla sua famiglia, ai cortigiani, a tutti i sacerdoti di Memphis e all'esercito; si vestirono a lutto e camminarono in processione verso il porto di Memphis, fino all'imbarcazione. Quando giunsero al porto, videro il corpo del principe galleggiare nell'acqua accanto alla barca. Questo miracolo avvenne a causa dei poteri magici di Nefer-ka-ptah: perfino da morto rimaneva un grande mago, a causa degli incantesimi appresi dal fatidico Libro.

I servitori del sovrano lo tirarono fuori dall'acqua e videro il Libro di Thot legato al suo petto con la cintura di lino reale. Il re ordinò di seppellire Nefer-ka-ptah con l'onore dovuto al figlio di un re e che il libro di Thot fosse sepolto con lui. Così si compì la vendetta di Thot, ma il Libro rimase con Nefer-ka-ptah, accompagnandolo nell'aldilà.

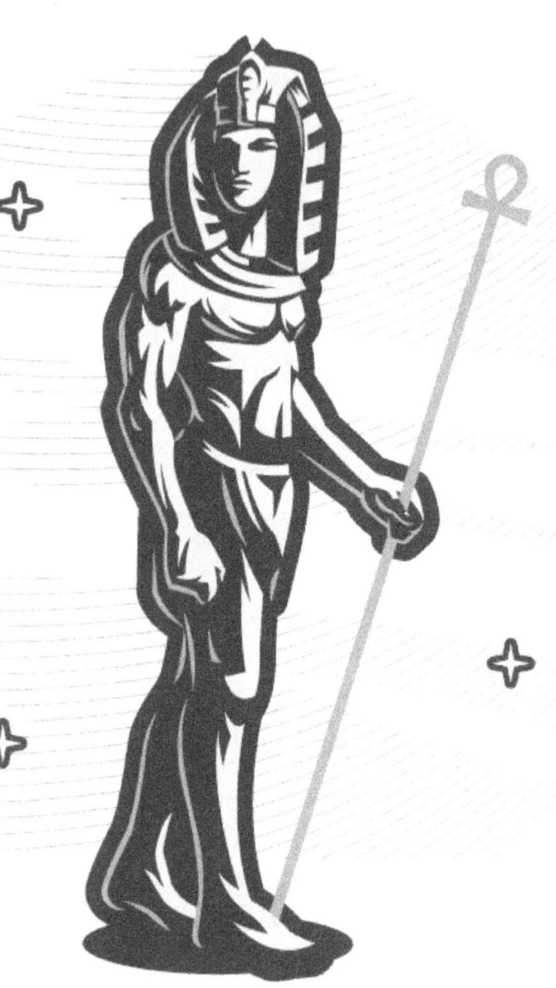

FARAONE

Il Potere Del Faraone

Il termine "Faraone", dall'egiziano *"grande casa"*, in origine indicava il palazzo reale nell'antico Egitto. La parola venne adottata metonimicamente per indicare il re egizio durante il Nuovo Regno (a partire dalla 18ª dinastia, 1539-1292 a.C.), mentre dalla 22ª dinastia (circa 945 a.C. - 730 a.C.) era stata adottata come epiteto di rispetto. Tuttavia, non fu mai il titolo formale del re e il suo uso moderno, come nome generico per tutti i governatori egiziani, deriva dalla Bibbia ebraica. Nei documenti ufficiali il titolo completo del re egizio consisteva in cinque nomi, ciascuno preceduto da uno dei seguenti titoli: Horus, Horus d'oro, Signore delle due Terre, Re dell'Alto e Basso Egitto e Figlio di Ra. L'ultimo nome gli veniva dato alla nascita, gli altri all'incoronazione.

Gli egizi credevano che il loro re fosse il mediatore tra gli dèi e il mondo terreno. Dopo la morte, il faraone diventava divino, identificato con Osiride, padre di Horus e dio dei morti, e passava i suoi poteri sacri al nuovo governatore, suo figlio. Lo status divino del faraone era rappresentato in termini allegorici: il suo ureo, il serpente sulla sua corona, sputava fiamme sui nemici; era in grado di annientare migliaia di nemici sul campo di battaglia; ed era onnipotente, conoscendo tutto e controllando la natura e la fertilità.

Come sovrano divino, il faraone era il conservatore dell'ordine dato dalla dea Maat. Possedeva gran parte della terra d'Egitto e ne dirigeva l'uso, era responsabile del benessere economico e spirituale del suo popolo e dispensava giustizia ai suoi sudditi. La sua volontà era suprema e governava per decreto reale. Tuttavia, per governare in modo equo il faraone doveva delegare le responsabilità; il suo assistente principale era il visir, che, tra gli altri compiti, era capo della giustizia, capo della tesoreria e supervisore di tutti i registri. Al di sotto di questa autorità centrale, la volontà reale del faraone era amministrata attraverso i nomi, o province, in cui erano divisi l'Alto e il Basso Egitto.

Molti studiosi ritengono che il primo faraone sia stato Narmer, chiamato anche Menes. Anche se gli esperti non sono universalmente d'accordo, molti ritengono che Menes sia stato il primo sovrano a unire l'Alto e il Basso Egitto (è per questo che i faraoni hanno il titolo di "Signore delle due terre"). I faraoni erano tipicamente maschi, anche se ci furono alcuni leader femminili degni di nota, come Hatshepsut e Cleopatra. Hatshepsut, in particolare, fu una sovrana di successo, ma molte iscrizioni e monumenti su di lei vennero distrutti dopo la sua morte, forse per impedire alle future donne di diventare faraoni.

Dopo la loro morte, molti faraoni furono sepolti e circondati da ricchezze che avrebbero potuto utilizzare nell'aldilà. Esploratori e archeologi hanno scoperto alcune di queste tombe, imparando molto sulla società egizia antica. Un esempio molto famoso fu nel 1922, quando l'archeologo Howard Carter scoprì la tomba del re Tutankhamon, un faraone morto a soli diciannove anni.

Il Libro dei Morti

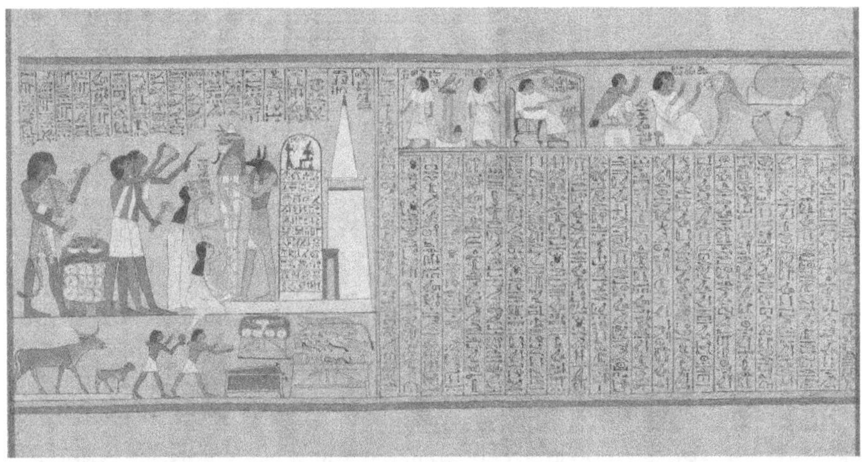

Il Libro dei Morti si presenta, sia nella cultura popolare sia nella ricerca accademica, come uno degli aspetti più famosi dell'antica cultura egizia. Questo testo funerario fornisce alcune delle immagini più vivide del mondo antico - sono pochi gli appassionati di mitologia che non hanno mai sentito parlare di qualche mito egizio presente nel Libro dei Morti. Scene familiari - come una bilancia che pesa il cuore del defunto con la piuma di Maat o l'annientamento di un'anima da parte di una divinità composta da parti di animali - provengono proprio da quest'opera. Con narrazioni così impressionanti, non sorprende che le credenze egizie sull'aldilà siano così profondamente radicate nella nostra memoria collettiva. Ma nonostante la relativa fama di quest'opera, il Libro dei Morti viene spesso frainteso o volutamente romanzato per dare vita a storie intriganti, come nel caso del fenomeno culturale cinematografico de "La Mummia" del 1999.

Cos'è dunque il Libro dei Morti, in che modo era significativo per gli egizi del passato e come utilizzano questa importante risorsa i ricercatori al giorno d'oggi?

"Il libro dell'andare avanti di giorno in giorno" è la traduzione ufficiale del titolo dato a una collezione di rotoli di papiro sullo stesso argomento, conosciuto comunemente come il Libro dei Morti. Anche se la parola "libro" fa pensare a una storia o a un testo scritto da un singolo autore e ristampato ripetutamente nella stessa forma, questi testi hanno più autori e ogni versione ha le sue varianti. Queste opere erano concepite come una guida per i morti da usare nel loro viaggio nell'aldilà, ognuna di esse è stata preparata dagli scribi per le sepolture, con una qualità variabile a seconda dell'abilità dello scriba, e alcune di esse sono state preparate lasciando spazi bianchi per scrivere in seguito il nome del defunto. Oltre alle versioni in papiro di forma allungata del Libro dei Morti, incantesimi e passaggi del testo venivano registrati in altri contesti: sulle pareti delle tombe, sugli involucri delle mummie e persino all'interno della maschera d'oro del re Tutankhamon.

Il Libro dei Morti apparve per la prima volta nel Nuovo Regno, ma il testo si è evoluto da una lunga tradizione di scrittura magica funeraria. I più antichi di questi scritti, i Testi delle Piramidi, erano a disposizione esclusivamente dei membri reali egizi. Quando le credenze religiose sull'aldilà cambiarono, copie dei Testi della bara - una versione adattata dei Testi delle Piramidi - furono scritte sulle bare e incluse nelle tombe dei non-appartenenti alla casta reale, come i ricchi commercianti e, in generale, l'élite della società. Con il Nuovo Regno, l'aldilà iniziò ad essere intesa come accessibile a tutti coloro che potevano permettersi il proprio Libro dei Morti, considerato quindi una guida pratica che forniva gli incantesimi necessari per le pericolose ed elaborate prove da affrontare per guadagnarsi la vita eterna tra gli dèi.

Gli dèi Osiride, associato alla resurrezione, e Ra, associato al sole, sono i protagonisti principali del Libro dei Morti. Quarantadue divinità supplementari appaiono per giudicare e mettere alla prova i nuovi defunti. Anche se il testo stesso varia nel contenuto e nell'ordine, la narrazione è generalmente divisa in quattro sezioni principali:

- il defunto entra nell'aldilà e riacquista le capacità fisiche dei vivi;

- il defunto viene resuscitato e si unisce a Ra per sorgere ogni giorno come il sole;

- il defunto viaggia attraverso il cielo prima di essere giudicato da una giuria composta da membri divini;

- e infine, assumendo che l'anima non sia stata distrutta, il defunto si unisce agli dèi.

Per progredire attraverso le complesse sfide di queste fasi, il morto avrebbe dovuto pronunciare i nomi e gli incantesimi giusti al momento giusto e rispondere correttamente alle domande degli dèi. In un caso interessante e curioso, il defunto deve nominare varie parti di una porta senziente, prima di accedere allo step successivo. Fortunatamente, il Libro dei Morti contiene tutte le informazioni necessarie.

Questi testi erano di fondamentale importanza per gli antichi egizi e ad oggi costituiscono una delle risorse più importanti per gli egittologi, impegnati nello studio della religione egizia e del loro concetto di vita dopo la morte. Oltre a descrivere esplicitamente l'aldilà e i ruoli degli dèi, il Libro dei Morti fornisce anche un'idea di concetti importanti come il Ka e il Ba, aspetti dell'anima che si ritiene continuino a vivere dopo la morte. Il Ka aveva bisogno di una forma fisica in cui tornare per poter esistere e così il Libro dei Morti ci aiuta a comprendere l'importanza della nota pratica egizia della mummificazione. Allo stesso modo, il Libro dei Morti contiene anche incantesimi per preservare parti specifiche del corpo come quello per la cerimonia dell'Apertura della Bocca, un rituale eseguito prima che la mummia fosse sigillata nella sua tomba, spesso raffigurato nella decorazione delle tombe. Il Libro dei Morti rivela aspetti centrali del sistema di credenze degli antichi egizi e, come molti argomenti in egittologia, le nostre teorie attuali cambiano costantemente, sviluppandosi e adattandosi in base alle nuove scoperte derivate dalla traduzione di questo testo.

CONCLUSIONE

Caro lettore, questo libro è giunto al termine. Colgo l'occasione per ringraziarti di avermi tenuto compagnia fino alla fine in questo viaggio alla scoperta della cultura egizia. Prima di lasciarci vorrei condividere con te uno spaccato quanto più accurato degli effetti che questa cultura ha avuto sulle altre civiltà del passato. D'altronde, la questione era cara agli egizi: pochi popoli antichi avevano a cuore quanto loro concetti come quello della permanenza nel tempo e dell'importanza del simbolismo. E la storia ce lo ha insegnato: ciò che non viene conservato è destinato a svanire nel corso del tempo. Senza indugiare oltre, diamo un'occhiata a tutte quelle culture che hanno contribuito a rendere immortali i valori del popolo faraonico.

La cultura egizia, di cui la religione era parte integrante, ebbe grande influenza in Nubia fin dai tempi predinastici e in Siria verso la fine del III millennio a.C. Durante il Nuovo Regno, l'Egitto era molto ricettivo nei confronti dei culti provenienti dal Medio Oriente, mentre la competenza medica e magica egizia veniva molto apprezzata dagli Ittiti, dagli Assiri e dai Babilonesi. I principali periodi di influenza egizia furono, comunque, durante il primo millennio a.C. e durante il periodo romano. L'Egitto fu un importante centro della diaspora ebraica a partire dal VI secolo a.C. e per questo, la letteratura egizia influenzò profondamente la Bibbia ebraica. Con il dominio greco ci fu un significativo scambio culturale tra le due civiltà. Tra i culti egiziani che si diffusero all'estero, sono degni di nota quelli di Iside, che raggiunse gran parte del mondo romano come religione misterica, e di Serapide, un dio il cui nome deriva probabilmente da Osiride-Apis, che fu ampiamente venerato nell'ambiente iconografico e culturale ellenico. Oltre al culto di Iside ci furono quello di Osiride e quello di Horus a superare i confini del territorio egizio. Tuttavia, Iside era di gran lunga la figura più apprezzata dalle culture straniere. Molti monumenti egizi riportanti la dea furono infatti importati a Roma, per fornire un contesto accurato al principale tempio di Iside nel I secolo d.C.

Il mito di Osiride mostra alcune analogie con la storia del Vangelo e, nella figura di Iside, con il ruolo della Vergine Maria. L'iconografia della Vergine e del Bambino ha evidenti affinità con quella di Iside e del piccolo Horus. In questo senso, un aspetto portante della religione egizia può aver contribuito al background iconografico e culturale del primo cristianesimo, probabilmente attraverso l'importante snodo commerciale di Alessandria.

L'Egitto fu anche un ambiente influente per altri sviluppi religiosi e filosofici della tarda antichità, come lo gnosticismo, il manicheismo, l'ermetismo e il neoplatonismo; alcuni dei quali mostrano tracce di credenze tradizionali egiziane. Alcune di queste religioni divennero importanti nella cultura intellettuale del Rinascimento. Infine, il monachesimo cristiano sembra aver avuto origine in Egitto e potrebbe risalire a una serie di pratiche autoctone, tra cui l'isolamento all'interno dei templi e il celibato di alcune sacerdotesse. È con queste ultime considerazioni che ti porgo i miei saluti e ti invito ad approfondire l'interesse per la mitologia egizia che spero questa breve guida ti abbia suscitato. Mi auguro che questa esperienza di lettura ti sia piaciuta.

Un caro saluto,

Yunes Batal

BIBLIOGRAFIA & SITOGRAFIA

- https://www.history.com/topics/ancient-history/ancientegypt

- https://www.britannica.com/place/ancient-Egypt/The- Predynastic-and-Early-Dynastic-periods

- https://oxfordre.com/religion/view/10.1093/acrefore/ 9780199340378.001.0001/acrefore-9780199340378-e-244

- https://australian.museum/learn/cultures/internationalcollection/ ancient-egyptian/religion-and-gods-in-ancientegypt/

- https://credoreference.libguides.com/c.php?g= 139747&p=915710

- John Baines, Jaromír Málek, Atlante dell'Antico Egitto, Novara, 1985.

- Edda Bresciani, Grande enciclopedia illustrata dell'antico Egitto, 2005.

- Dall'agnola Massimo, Mitologia e dei dell'antico egitto, FerrariSinibaldi, 2011.

RIGUARDO HISTORIA MAGISTRA

Historia Magistra è nata con un obiettivo preciso: accogliere scrittori capaci di trasportare i lettori in epoche e culture lontane, immergendoli nelle avventure di miti, leggende e gesta di straordinari personaggi del mondo antico.

Dagli antichi greci ai lontani popoli asiatici del Sol Levante, ogni civiltà ha un passato mitico da raccontare, capace di farci sognare. Attraverso le loro ideologie, somiglianze e filosofie, i popoli antichi sono ancora in grado di rivelare molto su chi siamo come esseri umani.

Historia Magistra si sforza di trasmettere il messaggio che la mitologia, se raccontata in modo intelligente e coinvolgente, non solo può intrattenerci per ore e ore, ma può anche insegnarci lezioni di vita preziose e fondamentali che possono essere applicate alla nostra vita quotidiana.

Quello che ci auguriamo per i nostri lettori è che possano essere trasportati e commossi dalle stesse storie che hanno terrorizzato, ispirato e rafforzato interi popoli nel corso della storia.

www.ingramcontent.com/pod-product-compliance
Lightning Source LLC
Chambersburg PA
CBHW071434130726
47997CB00006B/2082